금촛대 중보자들 Ⅲ

금촛대 중보자들 III

제임스 말로니 엮음 | 노경아 옮김

LADIES
OF
GOLD

목차

마지막 서문 _6

CHAPTER 1 왕의 초상 ———————————————— 10
CHAPTER 2 여왕의 초상 ——————————————— 45
CHAPTER 3 단장한 신부 ——————————————— 67
CHAPTER 4 당신을 위한 메시지 ——————————— 84
CHAPTER 5 노래하는 삶 ——————————————— 111
CHAPTER 6 세금인가, 헌물인가? —————————— 145
CHAPTER 7 하나님의 어린 양 ———————————— 158
CHAPTER 8 십자가와 잔 ——————————————— 177
CHAPTER 9 마지막 때를 위한 왕의 시편 ——————— 184
CHAPTER 10 주님의 나타나심 ———————————— 230
CHAPTER 11 그 외의 기록물들 ———————————— 251

마지막 서문

마침내 《금촛대 중보자들》 전집의 마지막 권이 나왔다. 시간을 내어 이 책을 읽어 주시는 분들께 감사드린다. 나는 이 책을 통해 독자들이 영감을 얻고, 주님과 더 가까워지기를 소망한다. 혹시라도 아직 1권과 2권을 읽지 않았다면, 먼저 읽어 보기를 권한다.

지난 두 권의 서문에서는 앞으로 읽게 될 금촛대 중보자들의 행적에 대해 주님께서 계시하시는 바를 따르라고 완곡하게 주의를 드렸다. 이것은 그들의 경험이 잘못되어서가 아니라 오히려 그 반대다! 우리 대부분은 프란시스 메트컬프에게 정기적으로 일어났던 천국 경험과 영·혼·육의 천국 이동에 대해 들어 본 적도 없다. 이러한 경험들은 최근까지 오순절 계통에서도 폭넓게 논의되는 주제가 아니었다. 우리는 보통 천국 경험이라고 하면, 언젠가 미래에 일어날 '휴거'(The rapture)만을 생각하곤 한다(이것이 아마도 우리가 가진 가장 대표적인 그림일 것이다).

이 마지막 책에서는 주님과 그분의 신부와의 관계에 보다 초점을 맞추어 공중에서 신랑을 만날 영광의 날을 위하여 우리가 신부로서 어떻게 준비되어야 하는지에 대해 다룰 것이다. 이 책의 내용은 앞선 두 권보다는 놀랄 만한 간증의 비중이 약할 수도 있지만, 크게 상관은 없다. 프란시스의 사역의 핵심은 신부들이 꺼지지 않는 열정을 가지고 주님께 집중하여 마음껏 그분의 품에 안기도록 이끄는 것이었다. 모든 천국 경험과 영·혼·육의 천국 이동은 결국 '주님을 더 아는 것'이라는 단 하나의 목적을 위한 것이었다. 나는 이 책을 내는 이유를 명확히 하기 위해 이 부분을 다시금 강조하고 싶다.

나는 영광 체험(glory encounters), 즉 하나님의 위대하심과 초자연적인 능력의 나타남을 추구하는 것이 좋은 일이라고 생각한다. 그러나 이러한 체험을 주님의 뜻 가운데 지속적으로 경험하기 위해서는 오직 주님만을 구해야 한다. 그분께서 표적과 기사를 행하시는 분이라서가 아니라, 오직 그분만이 홀로 높임받기 합당하신 분이기 때문이다. 그리고 이러한 기적은 주님께서 예언적 치유 사역자로 사용하기로 정하신 사람을 통하여 나타나게 된다.

우리가 출간하는 모든 책은 이러한 영광 체험과 표적, 기사, 기적, 치유, 축사, 급진적인 구원에 대해 다룬다. 이 모두는 당신으로 하여금 오직 주님만을 추구하게 할 것이다. 주님을 경배하라. 그러면 당신은 천국 체험을 하고 수십 번 천국을 오갈지 말지에 대해서는 걱정할 필요가 없다.

그래서 나는《금촛대 중보자들》전집을 이러한 기록물로 마무리하는 것이 적합하다고 생각한다. 앞으로 이 책에서는 왕과 그분의 여왕(바로 우리)에 대해 기술하고, 주님의 영광의 날을 위해 우리 자신을 어떻게 준비할지에 대해 나눌 것이다. 나는 그분의 나타나심이 너무나 기다려진다! 당신은 어떠한가?

이제 끝으로 깜짝 놀랄 소식을 한 가지 전하고자 한다. 우리는 금촛대 중보자 모임의 '첫 선교 여행'에 대해 기록한 프란시스의 일기를 입수했는데, 여기에는 이스라엘과 다른 여러 나라에 대한 기록이 담겨 있다. 처음에는 이 내용을 2권과 3권에 담으려 했으나 그러기에는 양이 너무 방대하여 다른 책으로 내기로 했다. 이 책은 프란시스와 그녀의 행적에 대한 새로운 안목을 줄 것이다. 내용은 전반적으로 재미있는 이야기이며, 몇 가지 특별한 생각과 간단한 가르침이 들어 있다.

이 책은 올해 말경에 출간될 예정인데 그때까지는 《금촛대 중보자들》 전집을 즐겨 주시기 바란다. 이 책을 아끼는 독자들에게 다시 한 번 감사드리며, 책을 읽는 동안 주님께서 축복하실 것을 믿는다.

2012년 2월 1일

제임스 말로니

LADIES OF GOLD

Chapter 1

왕의 초상

프란시스 메트컬프

　왕 중의 왕 예수 그리스도를 그려 낸 놀랍도록 완벽한 초상화가 그분이 이 땅에 오시기 500년 전에 이미 완성되었다! 화가는 최상의 기술을 가졌을 뿐 아니라 하늘에서 온 환상을 통해 영광스러운 왕과 그분의 왕국을 이해하고 있었다. 그는 천사의 도움으로 메시아의 권능과 거룩함과 아름다움과 초월적인 영광을 유대 민족과 온 세상에 알릴 수 있었다. 이 초상에 사용된 물감(oil)은 성령의 기름(the anointing oil)이었고, 붓은 하나님의 말씀이었으며, 캔버스는 당연하게도 하나님의 찬란히 빛나는 말씀이 새겨진 양피지였다.

세월은 이 위대한 예술품을 수없이 파괴했다. 그러나 하나님을 찬양하라! 이 초상은 놀랍게 보존되었다. 그리고 틀림없이 우리 모두는 사본을 최소 한 점씩 소유하고 있다. 그러나 너무 쉽게 접할 수 있기 때문에, 아직까지 한 번도 제대로 주목하고 인정한 적이 없을 수도 있다. 성령께서는 한동안 그 초상을 우리의 어두워진 눈앞에 보이시며, 면밀히 살펴보게 하셨다. 그러는 동안 예수 그리스도와 그분의 왕국에 대한 경탄스러운 계시가 우리의 심령과 마음에 밝혀졌다!

이 계시를 주신 후 성령께서는 우리에게 그것을 나누라고 하셨다. 그리하여 세상이 어떻게 그분의 오심을 예비하고 그분의 왕국을 세울지 알지 못한 채 혼돈하고 격변하는 이때, 왕의 초상을 새롭게 제시하라고 하셨다. 당신이 왕 되신 그리스도와 '왕국의 메시지'에 감격하며 반응해 왔다면, 분명히 이 발표를 기뻐할 것이다.

우리는 지면의 제한으로 인해 불가피하게 말을 압축할 수밖에 없다. 그러나 성령께서는 우리의 간증을 확장하시고 향상시키셔서 왕과 그분의 왕국에 대한 더 영광스러운 비전 가운데로 당신을 이끄실 수 있다. 오, 부디 그렇게 되기를!

초상화를 그린 사람

먼저 왕의 초상을 그린 사람이 누구이며 그가 어떤 사람인지를 들으면, 그림의 진가를 더 분명히 알게 될 것이다. '메시아의 선지자'인 스가랴는 참으로 우리가 심령 가운데 특별히 품고 기억할 만한 사람이다.

열두 권의 소선지서 중에서도 그의 책은 새벽별처럼 빛나며, 이제 어둠이 지나고 태양처럼 찬란한 하나님의 아들이 오실 것을 알리고 있다. 그는 그리스도의 초림뿐 아니라 마지막 때 그분의 위대한 나타나심과 세상에 펼쳐질 왕국을 그려 냈다. 그는 당대의 남은 백성들을 향해 열정적으로 선포했으며, 나아가 현대의 우리에게도 훨씬 더 큰 권위로 말하고 있다. 그의 책은 '언약의 계시록'이라는 적절한 이름을 받았다. 마틴 루터 또한 그의 책을 매우 높이 평가하며 "모든 예언의 본보기이자 모범이며 전형"이라 불렀다.

그러나 스가랴서는 다른 소선지서가 그랬듯이 많은 경우 간과되고 등한시되었다. 참된 메시아에 대해 눈이 가려져 있던 유대인들은 이것을 가장 혼란스러운 책으로 보았고, 초대 교회의 많은 교부들도 해석하기 어려운 책으로 여겼다. 그런데 성령께서 수년 동안 우리에게 이 책을 신실하게 밝혀 주시고, 최근에는 우리의 심령에 새로운 방식으로 되살리고 새겨 주셨다. 얼마나 흥분되는 일인가!

스가랴는 분명 존경스럽고 매우 흥미로운 인물이지만, 성경에서 그에 대해 밝혀진 내용이 많지는 않다. 알려진 바는 그의 아버지 베레갸와 할아버지 잇도가 제사장이었다는 것과 그가 어릴 때부터 하나님의 계율을 따라 가르침을 받았으리라는 것이다. 그는 바벨론에서 태어났고, 첫 번째 남은 백성들과 함께 예루살렘으로 돌아왔다. 그의 아버지 베레갸는 아마도 죽었거나 함께 돌아오지 않았던 듯하다. 그래서 그는 잇도의 아들이라 불렸다. 스가랴는 꽤 어린 나이에 직분을 처음 맡았던 것 같다. 그는 여호와께 헌신했고, 그분께서 보시기에 거룩한 자였다.

"예언은 언제든지 사람의 뜻으로 낸 것이 아니요 오직 성령의 감동 하심을 받은 사람들이 하나님께 받아 말한 것임이라"(벧후 1:21). 그는 선견자였고, 비범한 민감성을 가진 자였다. 또한 그는 행동하는 사람이었다. 그는 피하지 않고 죄에 대하여 담대하게 선포하였다. 앞서 언급된 이름들의 뜻을 조합하면, 매우 귀한 메시지가 된다. 잇도(Iddo)는 '알맞은 때', 베레갸(Berechiah)는 '하나님께서 축복하신 자', 스가랴(Zechariah)는 '하나님께서 기억하시다'라는 뜻이다. 즉 정하신 때에 하나님께서 그분의 백성을 기억하고 축복하신다는 의미가 되는 것이다!

스가랴는 매우 오래 살았고, 오랜 기간 예언했다고 한다. 그러나 기록으로 남은 책은 오직 한 권뿐이다. 전해지기로는, 하나님께서 그를 통해 기적을 행하셨으며, 모든 백성들이 그를 경외했다고 한다. 사람들은 그에게 예레미야의 영이 거한다고 말하곤 했다. 그는 하늘의 성도 및 천사와 매우 비범한 교류를 했던 것으로 보인다.

실제로 하늘의 성도와 천사들에 대해 스가랴처럼 말한 선지자는 없었다. 그들은 스가랴의 사역에서 중요한 역할을 담당했다. 또한 그들은 예수님의 탄생 때에도 매우 활발히 일했다. 게다가 요한은 계시록에서 그들이 마지막 때에 이 땅에서 큰 역할을 수행해야 한다고 말한다. 그러므로 환상 가운데 마지막 날로 옮겨졌던 스가랴 같은 사람은 그러한 교통과 도움을 합당히 누려야 했다.

스가랴는 진리를 묘사하기 위해 환상과 상징을 사용했다. 그것이 일상의 언어로는 표현할 수 없을 정도로 너무나 위대하고 원대했기 때문이다. 계시록에서 그러하듯, 하나님의 위대한 계획은 성령께서 해석하지 않으시고는 이해할 수 없는 상징적인 언어로 가려져 있다. 오직 저자만이 예언의 완전한 의미를 밝힐 수 있다.

그러나 어떤 경우에는 매우 단순하고 직설적이며 그대로 이루어지는 것도 있다. 예언이 있던 당대에도 제한적이고 지역적인 성취가 있었으며, 여러 시대에 걸쳐 믿는 자의 심령에 개인적인 성취가 있었다(그리고 앞으로도 그러할 것이다). 그러나 영원토록 전개될 더 늦은 때의 우주적인 성취는 아직 일어나지 않았다. 그러므로 이 중요한 초상에 쓰인 환상과 상징과 시적인 말은 우리에게 역사적이자 개인적이며 예언적으로 중대한 의미를 가진다.

성령께서 기이하고 신비롭게
내게 임하셨네
마치 스가랴의 때로
옮겨진 듯하였네
스가랴가 그러했듯
나는 밤중에 옛 예루살렘을 거닐다
사방에 진을 친

천사들을 보았네

오, 예루살렘! 오, 예루살렘!
여호와께서 그대를 사랑하셨노라
오, 예루살렘! 오, 예루살렘!
그분의 천사가 그대를 믿음직스럽게 지키노라

부드러운 저녁 바람의 속삭임이
들리는 듯하네
향기로운 화석류나무 아래
한 남자를 보았네
나는 그의 중보 소리를 들었네
예루살렘, 그대를 위한 중보
그 간구의 응답으로
하나님께서 지극히 자비롭게 말씀하셨네

오, 예루살렘! 오, 예루살렘!
내가 너를 위해 질투하노라
오, 예루살렘! 오, 예루살렘!
너의 원수를 완전히 무찌르리라

이 놀라운 일을 깊이 생각하던 중

오, 놀라워라

순금 촛대가

내 눈앞에 나타났네!

무성한 감람나무 두 그루가

촛대 양쪽에 서서

금 기름을 쏟아 내며

예루살렘의 등불을 밝히네

오, 예루살렘! 오, 예루살렘!

그대의 촛대는 그 밤 내내 타올랐네

오, 예루살렘! 오, 예루살렘!

열방이 곧 그대의 빛 가운데로 걸어오리라

스가랴 1장
중보자 되신 메시아

스가랴가 메시아 즉 기름부음 받으신 분에 대하여 처음 기록한 환상에서, 그분은 사람과 만군의 주의 천사(전령) 두 가지 모습으로 나타난다. 스가랴가 주전 520년에 생생하게 그려 낸 이 초상은 오늘날까지도 그 색채가 찬연히 빛나고 있다. 그러나 초상에 집중하기 전에 먼저 1장의 첫 여섯 절을 주의 깊게 살펴야 한다. 거기에 스가랴서 전체에 대한 핵심 단서가 있기 때문이다.

    스가랴는 하나님의 참된 선지자요, 왕국의 전령이었다. 그리하여 그는 회개하고 주님께 돌아오라는 강한 외침으로 자신의 메시지와 사역을 시작하였다. 그는 죄와 불신앙에 대한 주의 진노를 선포하기를 두려워하거나 피하지 않았다. 그는 구약에서 가장 강하게 회개를 외친 선지자였다고 한다. 우리는 그의 외침에서 훗날 세례 요한이 이스라엘을 향해 회개하고 메시아의 오심을 예비하라고 외칠 때와 똑같은 기름부음과 권세를 느낄 수가 있다.

    유대 민족은 스가랴의 말에 귀 기울이지 않았고, 회개하거나 주님께 돌아오지도 않았다. 그리하여 후에 스가랴를 통해 주어진 모든 약속과 계시가 보류되었다. 오늘날도 마찬가지다. 주님을 바라보고 왕국의 영광을 경험하기를 갈망하는 사람이라면, 무엇보다 먼저 철저하게 회개하고 하나님께 돌아와야 한다. 우리는 악과 타협하는 시대에 살고 있다. 많은 그리스도의 선지자와 사역자 지망생이 세상과 교회 모두에 대한 하나님의 진노, 즉 악에 대한 하나님의 의분과 분명한 심판을 말하는 설교를 모두 없애 버렸다. 그들이야말로 왕국의 거짓 전령이다!

    그러나 스가랴는 달랐다! 그는 유대 민족의 영적 정결함과 도덕적 무결함에 지대한 관심을 가지고 있었다. 정결한 삶, 정결한 경배! 심령이 깨끗한 자들에게 실로 복이 있나니, 그들이 하나님을 볼 것이다. 그리고 스가랴가 그러했다!

    "내가 밤에 보니 한 사람이 붉은 말을 타고 (기드론) 골짜기 속 화석류나무 사이에 섰고 그 뒤에는 붉은 말과 자줏빛 말과 백마가 있기로"(슥

1:8). 이 사람은 다름 아닌 메시아였다. 그분은 이스라엘을 괴롭히는 민족들을 치러 나가려고 하신다. 여기에서 붉은색은 불의 심판을 상징한다. 이 신비한 사람은 또한 주님의 천사로도 일컬어진다(그리스도께서는 구약의 다른 곳에서도 이런 모습으로 나타나셨다).

이 초상화 안에는 예수님의 인성과 신성이 매우 아름답게 결합되어 있다! 화석류나무는 유대 민족의 상징이었다. 이 나무는 물이 풍부한 낮은 곳에서 잘 자라며, 그 향기로운 하얀 꽃은 신부에게 가장 잘 어울린다. 에스더의 유대식 이름인 하닷사는 화석류나무라는 뜻이다. 그리고 이사야는 화석류나무를 '영영한 표징'(사 55:13)이라고 하였다.

유대인이야말로 참으로 끊어지지 않을 영영한 표징이다. 그러나 그리스도의 신부인 교회 또한 그러하며, 그 자녀들은 '징조와 예표'(사 8:18)가 되었다. 위의 말씀에서 메시아가 유대 민족의 원수를 격파하기 위해 나타나셨듯이(그리고 이듬해에 실제로 그렇게 하셨다), 주님은 그분의 신부에게 나타나셔서 마지막 날 교회의 원수를 격파하실 것이다.

여호와의 진노와 심판을 담대하게 선포했던 우리의 선지자는 이제 주의 천사의 모습으로 오셔서 아버지께 탄원하고 자비를 구하시는 메시아의 음성을 듣는다(슥 1:12). 제사장들은 하나님께서 정하신 70년의 포로 생활이 정확히 언제 끝날지에 대해 여전히 논쟁하고 있었다. 그러나 메시아께서는 아버지의 때를 정확히 아셨고, 남은 백성에게 자비와 은총을 베푸시고 도와 달라고 간구하셨다. 그리스도는 참으로 만세에 위대한 중보자이며, 자비의 그릇이시다.

그리스도의 중보 사역은 하나님의 백성을 구출하고 보전하기 위해 반드시 필요하며, 그 사역은 지금도 아버지의 우편에서 계속되고 있다. 또한, 그리스도의 몸 된 교회도 성령의 중개를 통하여 이 땅에 중보를 쏟아 붓고 있다. 중보 사역은 하나님의 자비와 권능을 이 땅에 가져오기 위해 언제나 필요하다.

갑자기 환상 가운데 메시아의 초상이 하나님의 질투로 불붙은 것 같았다(슥 1:14). 질투라고 번역된 말의 히브리 원어는 '여호와(YHVH)의 타오르는 불꽃'으로 번역되기도 한다. 예루살렘과 이스라엘을 향한 주님의 크고 영원한 사랑은 참으로 소멸하는 불과 같다. 주님께서는 신실한 연인이자 남편으로서 이스라엘에게 돌아오셨다.

주님께서는 그분의 집이 그들 가운데 건축될 것이며, 그분의 번영이 예루살렘 성읍에 넘치도록 풍부할 것이라고 선포하셨다. 그리고 예루살렘을 위로하고 축복하시며, 모든 원수에게서 보호하겠다고 약속하셨다(그리고 그 말씀을 지키셨다). 그분과 그분의 성별된 제사장들이 중보를 쏟아 내고, 그분의 사랑과 신성한 질투가 소멸하는 불로 타오를 때, 자비가 심판을 덮고 빛났다.

이 마지막 때 예수 그리스도께서 공산주의 및 영적 이스라엘의 대적들을 심판하기 위해 우리 가운데 나타나셨을 때에도 같은 일이 일어났다. 그분께서는 스가랴에게 나타나셨고, 우리에게도 나타나셨다. 하나님을 찬양하라!

〈 스가랴 〉

스가랴, 스가랴

주의 제사장이자 선지자여!

우리가 다시 한 번 당신의 외침을 듣습니다

당신의 말을 읽으며

만군의 주를 향한 당신의 열망과

그분의 백성들을

다시 이방 해안에서 데려오려는

거룩한 열정을 느낍니다

스가랴, 우리가 당신을 도와

당신의 모든 말을 따르며

우리의 왕, 참 메시아께서 오실 때까지

주의 성전을 짓겠습니다

– 마리안 픽카드

스가랴 2장
건축자 되신 메시아

예루살렘을 다시 건축하고 하나님의 성전을 완공하기 전, 일류 건축가 되신 주께서 신성한 청사진을 따라 기초를 놓기 위해 먼저 성읍을 조사하고 준비하셔야 했다. 그래서 스가랴의 환상 가운데 다시 사람으로 나타나셨는데, 이번에는 성읍 조사를 위해 손에 측량줄을 잡고 계신다(슥 2:1, 주님은 에스겔 40장에서도 이런 모습으로 나타나셨다. 또한 계시록 11장 1절에서도 요한에게 측량하는 갈대를 주시며 하나님의 성전과 제단과 그 안에서 경배하는 자들을 측량하라고 명하시는 장면을 볼 수 있다). 이 환상을 본 지 100년이 못 되어 정말 그런 사람이 나타나서 성읍을 조사하고 성벽 재건을 계획했다. 그는 바로 느헤미야였다.

하나님의 말씀에는 측량에 관한 지시가 많다. 하나님께서는 정확하게 일하실 때를 정하시며, 마찬가지로 정밀하게 그것들을 측량하신다. 또한 장막과 성전을 짓기 위한 구체적인 치수가 세부 사항별로 주어졌다. 이는 하나님께서 그의 종들에게 주신 '청사진' 그대로 이루어졌다. 각 수치에는 숫자상으로도 상징적인 의미가 있었다. 하나님께서는 수학의 달인이시며, 성경이 말하듯이 모든 자연도 이를 충분히 입증한다.

욥은 하나님께서 바람의 무게를 정하시고 물의 분량을 정하신다고 하였다(욥 28:25). 또한 그분은 세심한 측량으로 구름의 균형을 놀랍게 맞추신다(욥 37:16). 그리고 이 땅의 기초를 놓으실 때 측량줄을 펼치셨을 뿐 아니라(욥 38:5-6), 다시 이 땅을 측량하실 것이다(합 3:6). 성실한 과학도라면 누구나 물질계의 치수와 무게에 나타난 하나님의 지혜에 놀라게 된다. 우리 육체에서도 가장 위대한 경이로움을 발견할 수 있다. 머리카락 한 올 한 올은 물론이거니와 몸을 구성하는 원자와 심지어 각 세포핵의 염색체까지도 다 숫자가 매겨져 있다.

하나님께서는 그분의 영원한 목적을 위해 우리를 달아 보시고 측량하신다. 성령께서 이 사실을 우리에게 얼마나 자주 각인시키시는지 모른다. 주님께서는 우리가 측량하는 대로 우리도 측량받게 될 것이라고 분명히 말씀하셨다. 은혜는 하나님의 능력과 은총을 넘치게 부어 준다. 그러나 우리는 단지 우리가 가진 믿음과 용적의 분량만큼만 받을 수 있다.

왕국의 특권과 영광은 우리가 오직 하나님의 기준, 즉 자녀 됨(sonship)을 위한 그분의 청사진에 부합할 때에야 비로소 주어지는 것이다. 하나님께서는 예루살렘을 측량하시며 시온도 측량하신다. 그리고 우리 경배자들도 측량하신다. 우리는 반드시 하나님의 영원한 성읍과 성전에 완벽히 걸맞은 자가 되어야 한다.

측량줄을 가진 사람은 사라지고, 이스라엘의 신랑이자 보호자께서 다시 나타나신다(슥 2:3). 그분께서는 시온을 불러 바벨론에서 돌아오게 하시고, 친히 지으실 성읍에 안전히 거하게 하신다. 그분께서는 시온을 둘러싼 불의 벽이 되실 것이고, 그들 가운데 영광이 되실 것이다. 또한 그들을 눈동자처럼 보호하시고, 그들 가운데 친히 거하실 것이다.

하나님께서 자신이 이스라엘의 유일한 보호자라는 것을 가르치려고 얼마나 애쓰셨는가! 그러나 이스라엘은 언제나 인간의 무기와 힘으로 돌아섰다. 오늘날 우리도 마찬가지다! 미국은 "우리가 믿는 하나님 안에 있다"고 말하면서, 다른 나라들과 광적으로 군비 경쟁을 벌이고 있다. 또한 개인의 삶에서도, 필연적으로 마주하는 갈등의 고통을 피하고 타인으로부터 숨기 위해 담과 장벽을 세우곤 한다. 그러나 성령께서는 이런 담을 허물고 우리를 확장하심으로써 더 큰 증가를 위한 여지를 마련하고자 하신다.

교단의 벽도 마찬가지다. 신약의 교회 예루살렘은 일련의 막힌 구역으로 나뉘어 있다. 그러나 그리스도께서 다시 오실 때 교단의 벽은 반드시 무너져야 한다. 그때에는 더 이상 분열이 없을 것이다. 그리고 성령께서 이미 우리 가운데 이러한 벽들을 무너뜨려 오셨다. 하나님을 찬양하라!

이 예언은 스가랴 시대에는 일시적으로만 이루어졌다. 그러나 이는 사실 다가올 훨씬 더 큰 증가를 가리키고 있었다. 이 작은 지역적 예루살렘의 이면에는 성벽에 막히지 않고 드넓게 확장된 위대한 새 예루살렘이 숨겨져 있었다.

이로부터 약 73년 후 수산 궁의 느헤미야는 예루살렘 성벽이 여전히 건축되지 않은 것에 대해 애통해했다(느 1장). 그는 곧 왕으로부터 돌아가서 성벽 재건을 지휘하라는 허락을 받았다. 이는 다니엘도 예언했던 바다(단 9:25). 당시 하나님께서는 아직 그분을 완전히 신뢰하지 못하는 유대인들을 위하여 이스라엘 성벽 재건을 허용하신 것이다. 그러나 수세기가 지나 하나님께서 다시 적들로 하여금 이스라엘에게 심판을 가하도록 허락하셨을 때, 바로 그 성벽과 요새 때문에 그토록 광범위한 파괴가 일어났다. 성벽으로 막혀 있지 않았다면, 오히려 적들은 성전과 건물들을 남겨 두었을지 모른다.

한 예로 제1차 세계대전 당시 이스라엘은 영국 알렌비 장군의 명령으로 '나는 새'(birds flying, 영국군 전투기)에 의해 방어되었다. 이사야의 놀라운 예언이 성취되었던 것이다. "새가 날개 치며 그 새끼를 보호함같이 나 만군의 여호와가 예루살렘을 보호할 것이라 그것을 호위하며 건지며 뛰어넘어 구원하리라"(사 31:5). 오늘날에는 예루살렘이나 그 어떤 도시라도 보호할 만큼 높고 튼튼한 성벽은 존재하지 않는다! 따라서 스가랴가 했던 예언의 온전한 의미는 오직 새 예루살렘에서만, 즉 하나님의 성읍인 영적 예루살렘에서만 성취될 것이다. 또한 우리는 바벨론에서 도피하라는 부름을 얼마나 자주 듣는가!(슥 2:6) 지체할 시간이 없다. 주님께서는 과거에 그러하셨듯 오늘날에도 그분의 선택된 자들을 보호하고 구별하기 원하신다. 그러나 그들을 바벨론에서 초자연적으로 구출해 내지는 않으셨다. 그들은 일어나서 말씀을 따라 행동해야 했다. 그들은 상업과 종교 모두에서 바벨론의 시스템과 방식을 뒤로하고 떠나야만 했다.

우리도 마찬가지다. 과거 이스라엘 민족과 같이 우리가 주님께 순종하고 구별되는 길을 택해야만, 특별한 방식으로 그분의 개인적인 사랑과 축복을 경험하게 되는 것이다. 그렇다. 우리는 '그분의 눈동자처럼' 보호받는다. 그리고 우리를 부르시고 우리 안에서 노래하시는 성령의 음성을 듣게 된다. "여호와의 말씀에 시온의 딸아 노래하고 기뻐하라 이는 내가 와서 네 가운데에 머물 것임이라"(슥 2:10).

스가랴가 그리는 메시아의 모습은 얼마나 아름다운가! 그분은 시온과 기쁨으로 충만한 교제를 나누시며 거룩한 땅과 예루살렘에 거하신다. 그곳에는 많은 나라가 모여 있으며, 그곳에 임한 주님의 임재와 권능은 실로 큰 경외감을 불러일으킨다. "모든 육체가 여호와 앞에서 잠잠할 것은 여호와께서 그의 거룩한 처소에서 일어나심이니라"(슥 2:13).

나라들이 이렇게 크게 모인 적은 유대 역사상 단 한 번도 없다! 이는 분명 마지막 때에 대한 예언으로서, 지금 많은 나라로부터 남은 백성이 돌아오고 있는 실제 이스라엘은 물론이요, 주님의 영적 시온도 일컫는 것이다. 영광스러운 주님께서 만천하에 나타나셔서 우리 가운데 거처를 정하실 때, 나라들은 실로 경외감에 사로잡혀 그분께 심령을 돌이키게 될 것이다.

〈 오 시온아, 크게 기뻐하라 〉

오 시온아, 크게 기뻐하라
기뻐 외치며 노래하라!
보라 너의 왕이 오시니
그분을 크게 찬양하라
그는 정의로우시며 크게 겸손하신 분
지극히 거룩한 하나님으로 옷 입으신 분
오 딸 시온아, 기뻐하라
너의 왕이 오신다

오 시온아, 크게 기뻐하라
기뻐 외치며 노래하라!
너의 왕이 바다에서부터 바다까지 다스리시며
그 승리가 크리라
오 시온아, 그분께서 네 자손을 무장시키시며
그들은 유다의 사자처럼 전쟁하리라
오 딸 시온아, 기뻐하라
너의 왕이 오신다!

– 이자벨 호스킹

스가랴 3장
여호와의 싹 되신 메시아

왕의 초상화를 계속 공개하면서, 스가랴는 법정 장면을 그려 보인다. 이스라엘의 대제사장인 여호수아가 하나님의 법원에서 재판을 받고 있다. 그는 피고 측으로서 모든 이스라엘을 대표한다. 고소인 또는 검사 측은 바로 사탄이다!

이 환상을 처음 보았을 때, 스가랴는 분명 충격을 받았을 것이다. 이스라엘 민족에게 대제사장은 그들의 구원을 대표하는 존재였다. 속죄일에 지극히 높으신 하나님의 임재 앞에 나아가 이스라엘 민족의 죄가 용서받고 덮여졌다는 보증을 받을 수 있는 사람은 오직 대제사장뿐이었다. 그는 주님과 이스라엘 백성 사이의 한 명뿐인 중재자였다. 그런 그가 그토록 강한 상대의 공격을 받으며 유죄 선고의 위험에 처한 것을 보았을 때, 스가랴 선지자는 분명 두려움을 느꼈을 것이다(욥기와 계시록에도 마귀가 이런 역할로 나타난다).

그러나 여호수아에게는 적보다 더 강한 변호인이 있었다. 바로 메시아, 예수 그리스도이시다!(요일 2:1) 바로 그분께서 사탄을 꾸짖으시고, 예루살렘과 여호수아를 변호하셨다. 이렇듯 재판관이 변호인이 되고, 또다시 자비가 심판을 덮고 찬란히 빛나는 놀라운 장면이 펼쳐진다! 여호수아(이스라엘), 즉 주님의 심판의 불에서 꺼낸 그슬린 나무는 주 앞에 더러운 옷을 입고 서 있다. 정결케 되고, 성별되며, 옷 입혀지는 의례상의 관리를 해 왔음에도 불구하고, 그의 의는 완전한 거룩 앞에서 더러운 넝마에 지나지 않는다.

성령님은 이 환상에서 그저 상징적이고 의례적이기만 했던 구약의 의와 모든 구약의 희생제와 의례가 가리키던 오실 큰 대제사장 예수 그리스도의 완벽한 의 사이의 뚜렷한 차이를 계시하신 것이다. 히브리서 13장은 스가랴서의 이 대목을 밝히는 실마리를 던져 준다. 따라서 우리는 여호수아든 다른 어떤 제사장에게든, 밝고 빛나는 의의 옷을 입히실 수 있는 분이 오직 그리스도뿐임을 쉽게 이해할 수 있다. 이제 그분께서 명령하신다. "그 더러운 옷을 벗기라!" 그리고 여호수아에게 말씀하신다. "내가 네 죄악을 제거하여 버렸으니 네게 아름다운 옷을 입히리라"(슥 3:4).

그때 스가랴의 눈앞에 즉각적인 은혜의 역사가 일어났고, 그는 속히 (대제사장의) 관을 여호수아의 머리에 씌워 달라고 청하였다(슥 3:5, 출 28:36-39). 우리가 지금 보고 있는 여호수아는 사실 여호수아가 아니라 멜기세덱의 서열을 따라 영원한 대제사장이신(시 110:4, 히 7:21) 예수 그리스도이시다. 그리고 대제사장이신 그분의 초상에서 우리는 또한 여호수아처럼 이름에 예수를 품고(여호수아는 예수라는 이름의 구약식 형태이다) 그분의 의로 옷 입은 제사장의 멜기세덱 무리를 본다.

우리는 영원한 제사장직에 참여하도록 부름 받은 자로서 고소자의 격노와 멸시를 겪겠지만, 더불어 위대한 변호자의 권능 안에서 기뻐한다. 그리고 여호와께서 여호수아에게 하셨던 이 말을 마지막 때에 왕 같은 제사장으로 준비되고 있는 우리에게 성령께서 말씀하신다. "네가 만일 내 도를 행하며 내 규례를 지키면 네가 내 집을 다스릴 것이요 내 뜰을 지킬 것이며 내가 또 너로 여기 섰는 자들 가운데에 왕래하게 하리라"(슥 3:7).

하나님 왕국의 모든 약속과 축복은 분명 조건적이며, 개인적인 성취 여부는 '왕국의 자녀들'의 믿음과 순종에 달려 있다. 이 위대한 '만약'은 언제나 모호한 요소다. 여호수아는 여기까지 메시아의 중재를 통해 은혜로 보호받고 구원되어 옷을 입고 관을 쓰게 되었다. 그러나 이제 그는 하나님의 은혜와 동역해야 하며, 자신의 삶과 행보에 대해 주님 앞에 엄격하게 책임을 진다.

오직 말씀을 행하는 자만이 왕국의 영광과 축복을 물려받을 것이다! 그리고 스가랴 시대처럼 오늘날에도, 제사장에 대한 주님의 삼중 약속이 성취되었다. 만약 그들이 책무를 다하면 첫째, 그들은 하나님의 집, 즉 그분의 영적인 성전을 다스리는 자리에 앉는다. 둘째, 그들은 하나님의 사람들을 경배와 성령의 길로 인도한다. 셋째, 주의 하늘 성소가 그들에게 열리며, 그들은 하늘에 있는 총회와 교제할 수 있게 되고, 하늘의 성도 및 천사와 교통하게 된다(히 12:22-24). 이러한 특권은 의복이나 관처럼 은혜의 선물로 즉각 주어지는 것이 아니다. 이는 우리가 매일 크신 대제사장과 하나 되고, 그분께 점차 순종할 때 비로소 받게 되는 것이다.

하늘의 성도 및 천사와 교통하는 것에 대한 스가랴의 계시는 매우 특별하고 소중하다. 구약에서는 이에 대한 언급이 매우 적기 때문이다.

그러나 최근에 성령께서 많은 하나님의 자녀들을 이러한 교통 가운데로 이끌고 계신다. 어떤 번역은 7절을 이렇게 표현한다. "나는 너희에게 돕는 천사를 주리라." 그리고 그분은 그렇게 하셨다! 원문은 다음과 같이 명확하게 표현한다. "여호수아는 주님과 하늘 군대가 있는 곳에 자유롭게 출입할 것이다." 그리고 놀랍게도 주님께서는 이 모든 것보다 더한 약속을 하셨다. "내가 내 종 싹(Branch)을 나게 하리라"(슥 3:8). 여기에서 사용된 히브리 원어는 '체마크'(tsehmakh)로서 새싹, 가지, 봄을 뜻한다. 이 단어는 이사야서와 예레미야서에서도 사용되는데, 언제나 메시아를 일컫는다. 이는 예수님께서 그분의 자녀에 대해 말씀하신 것처럼(히 2:4, 13), 여호수아와 그의 동료 제사장들이 '징조'와 '예표'가 될 것을 나타낸다.

그리고 여호수아의 눈앞에 신비로운 보석이 놓인다. 일곱 눈(면)으로 된 이 고귀한 돌은 계시록 5장 6절에 나온 어린 양 그리스도를 상기시킨다. 고난 받는 종이자 하나님의 어린 양이신 그리스도는 시온의 주춧돌이시다(사 28:16). 이어서 주께서 말씀하신다. "이 땅의 죄악을 하루에 제거하리라"(슥 3:9).

수세기가 지난 후 바로 '그날', 유례없이 가장 중대하고 특별하고 위대했던 그날에 메시아이신 예수 그리스도께서 세상 죄를 친히 짊어지시고 십자가에 달리셨다. 그분께서는 각 사람을 대신하여 죽음을 맛보셨고, 그 대속적 희생을 받아들이는 모든 사람을 위해 한 번의 제사로 속죄하시고 완벽한 의를 제공하셨다. 스가랴는 예수님께서 이 땅에 오시기 500년 전에 이 모든 것을 왕의 초상 안에 그려 냈다. 얼마나 놀라운 일인가!

스가랴 4장
세상의 빛 되신 메시아

예수님께서는 '세상의 빛'이라는 이름을 받기에 참으로 합당하시다. 모든 세대의 예술가들이 그분 존재의 정수인 천상의 빛과 영광을 묘사하려고 노력했다. 시므온 선지자는 아기 예수를 안고 그분의 아름다운 얼굴을 들여다보며 이렇게 외쳤다. "이방(열방)을 비추는 빛이요 주의 백성 이스라엘의 영광이니이다"(눅 2:32). 스가랴에게는 이스라엘의 빛이신 메시아께서 멋진 순금 촛대의 형태로 나타나셨고, 그는 자신이 본 환상을 생생하게 그려 냈다. 이것을 읽으면서 우리는 사도 요한이 보았던 더 영광스러운 환상, 즉 부활하신 그리스도께서 일곱 금촛대 사이를 거니시던 환상을 즉시 떠올리게 된다. 히브리인은 촛대 또는 메노라(Menorah)가 여호와의 증거 곧 말씀을 상징한다는 것을 곧바로 이해했다. 오늘날까지도 메노라는 모든 유대 회당에 비치되어 있다.

출애굽기 25장에 묘사된 촛대는 장막 성소에 놓여 성소와 분향단과 진설병상을 밝히던 특수한 경배 물품이었다. 촛대의 빛은 특별히 마련된 순결한 감람유로 밝혔다. 기름을 준비하여 불이 꺼지지 않도록 밤낮으로 촛대에 채워 넣는 것은 제사장의 몫이었다. 촛대를 만든 순금은 '참되고 신실한 증인'이시며 '아버지의 말씀 또는 증거가 육신이 되신' 그리스도의 정결함과 신성함을 나타냈다. 찧는 행위와 찧어진 기름은 그분의 고통을 묘사했다. 등잔은 일곱이었는데, 이는 하나님의 일곱 영을 가리켰다. 또한 등잔 가지에 놓인 살구꽃 모양 잔들과 그 위에 새겨진 꽃들은 아론의 싹 난 지팡이와 영원한 생명과 빛의 영광 및 아름다움을 묘사했다.

스가랴는 분명 다른 촛대도 떠올렸을 것이다. 그것은 바로 이스라엘에서 초막절에만 사용되는 20미터가 넘는 특대형 촛대다. 이 촛대는 연회 동안 성전 뜰 앞에 놓였으며, 예루살렘 전역에서 그 빛을 볼 수 있었다. 예수님께서는 계시록에서 촛대를 그분의 교회라고 말씀하셨고, 이 땅에 계실 때는 제자들을 등경 위에 켠 등불(촛불)이자 숨길 수 없는 성읍에 비유하셨다. 따라서 우리는 스가랴의 아름다운 촛대에 메시아와 그분의 몸 된 교회가 표현된 것을 바로 알아볼 수 있다.

두 감람나무는 계시록에 기록된 두 증인을 생각나게 한다. 혹자는 두 나무가 신약과 구약, 그리고 각 언약의 기름부음 받은 '아들들'을 상징한다고 믿는다. 어쨌거나 스가랴가 본 촛대는 출애굽기에 나오는 것과는 다르다. 스가랴가 본 것은 일곱 개의 작은 잔을 통해서가 아니라 맨 위에 있는 단 하나의 그릇을 통해 기름이 공급된다. 그리스도께서는 하나의 '그릇', 즉 동정녀 마리아를 통해 성육신하여 태어나셨다. 그분의 교회는 통일된 시온 즉 위로부터 온 어머니에 의해 태어날 것이며, 성령께서는 그리스도를 통하여 세상을 밝히시고 그분의 교회 가운데 나타나실 것이다. 그리고 그분과 아버지가 하나인 것처럼 그들도 하나가 될 것이다. 스가랴가 두 감람나무에 대해 물었을 때 천사가 했던 대답은 구약에서 매우 중요한 부분이다. "만군의 여호와께서 말씀하시되 이는 (인간의) 힘으로 되지 아니하며 (인간의) 능력으로 되지 아니하고 오직 나의 영으로 되느니라"(슥 4:6). 지금도 이 말씀을 얼마나 자주 인용하는가! 이는 성령 충만한 주님의 군대가 전장에서 외치는 함성이 되었다.

그러나 이어지는 천사의 말은 앞 절과 동일하게 중요한데도 간과되곤 하였다. "큰 산아 네가 무엇이냐 네가 스룹바벨 앞에서 평지가 되리라 그가 머릿돌을 내놓을 때에 무리가 외치기를 은총, 은총(grace, 은혜)이 그에게 있을지어다"(슥 4:7). 큰 산은 바벨론과 또한 유대 민족에 맞설 세상과 사탄의 모든 권력을 일컫는다.

다윗을 대표하여 성전 재건을 끝내야 했던 스룹바벨은 하나님의 은혜와 성령에 의지하여 산을 옮기는 믿음을 발휘하라는 명령을 받았다. 그들은 성전의 기초를 놓을 때 큰 소리로 외쳤으며(스 3:11-13), 성전이 완공되었을 때에도 그렇게 했을 것이다. 율법과 의례적인 종교를 강조하던 스가랴의 시대에 이 말이 얼마나 급진적이었을지 생각해 보라. 그렇다. 시온은 은혜와 성령으로 건축되어야 하며, 산 돌의 성전이 주님의 영광을 위해 세워질 것이다.

마지막 때인 지금 놀랍게도 주님의 큰 은혜가 나타나고, 성령께서 점점 더 크게 부어지고 있다. 또한 우리는 그분의 힘과 은혜로 열방 가운데 주님의 사역이 완성된 것을 보게 될 것이며, 그리스도 안에서 그분의 은혜와 영광을 영원히 찬송하게 될 것이다. 시온이 상징하는 의미 중 하나는 '하나님의 드러난 은혜'이다. 우리의 눈이 밝아지면, 은혜와 진리가 충만하신 왕께서 금촛대 사이를 거니시는 것을 보게 될 것이다.

〈 대관식 〉

그날 스가랴는 왕이 쓰실 관을 제련했네

그의 왕국은 영원한 것!

그 최고의 날에 그분께서 관을 쓰실 것이며

그들은 그분을 상속자, 하나님의 독생자로 선포하리라!

고귀한 보석으로 지어진 관

바벨론에서 구해 낸 포로들

그 증인들이 그것을 썼지만,

이것은 왕 중의 왕, 하나님의 거룩한 자를 위한 것이라네!

- 노르마 램

스가랴 5장
심판의 말 되신 메시아

스가랴가 계속 환상을 보는 가운데 왕의 초상은 점점 더 변화무쌍해진다. 여덟 번째 환상에서는 메시아가 심판의 말로 나타나신다. 이번에 보이는 어두운 장면은 앞서 보았던 금촛대의 영광스러운 빛과 강하게 대비된다. 거룩한 빛은 어둠의 역사를 드러내어 반드시 심판의 자리로 데려가기 마련이다. 이 구절에서 두루마리는 하나님의 말씀을 나타낸다. 스가랴는 이 큰 두루마리가 날아가는 것을 보고 그것의 상태와 크기와 메시지와 성취를 자세하게 기록했다.

　우선 그 두루마리는 날개 달린 듯 날아가는 상태였다. 날개는 때로 천사를 상징한다. 그리고 모세에게 율법의 언약을 전달한 것도 천사들이었다. 유대인들은 하나님께서 하신 말씀은 추후 상황에 따라 어느 정도 바뀌거나 완화될 수도 있지만, 기록된 말씀은 결코 바뀌거나 파기되지 않는다고 믿었다.

　우리는 성령께서 기름부음 받은 종들을 통하여 빈번하게 말씀하시는 시대에 살고 있다. 그리고 그런 예언들이 조건적이며, 때로는 바뀔 수도 있다는 것을 배웠다. 따라서 우리는 주님의 기록된 말씀, 즉 수세기에 걸쳐 시험을 견뎌 낸 성경말씀으로 모든 것을 시험해 보아야 한다. 물론 살아 있는 말씀이자 그 자신이 진리이신 예수 그리스도가 아닌 이상, 다양한 언어로 옮기면서 일어나는 내용의 변형을 피할 수는 없다. 그럼에도 불구하고 우리는 성경말씀이 여전히 인간에게 주어진 가장 완벽한 형태의 진리라고 믿는다.

　스가랴 선지자가 본 두루마리는 펼쳐져 있던 것이 분명하다. 그렇지 않았다면 그 크기를 그토록 명확하게 볼 수는 없었을 것이다. 두루마리의 크기에도 의미가 있다. 우리는 앞서 하나님의 측량에 매우 큰 의미가 있다고 배웠다. 따라서 자연히 치수에 관심이 가는데, 이는 스가랴도 마찬가지였다. 그것은 정확히 솔로몬 성전의 현관 치수와 일치했다. 그 현관에서는 이스라엘 백성을 향해 율법이 낭독되곤 하였다. 또한 그것은 광야 성막의 치수와도 들어맞는다.

　두루마리의 메시지는 '저주' 또는 심판이었다. 해당 단어의 히브리 원어는 '맹세하다 또는 위반 시 저주를 조건으로 엄명하다'를 뜻하는 말이다. 성경 구절에서 하나님의 저주는 인간의 저주와 절대 혼동되지 않는다. 인간의 저주를 말할 때는 보통 '욕하다, 증오하다, 괴롭히다, 모욕을 주다'라는 뜻의 히브리어 '칼랄'(qalal)을 쓴다. 인간은 악하고 파괴적인 마음으로 저주한다. 반면 주님께서는 절대 그분의 백성을 증오하거나 그들에게 보복과 형벌을 주려고 저주하지 않으신다. 그분은 악에게 엄명하시고 악을 거절하시며, 참으로 그렇게 하셔야 한다. 그분의 저주는 단지 처벌을 위한 것이 아니라 교정을 위한 것이다.

우리 주님께서 무화과나무(유대 민족)를 저주하신 일은 불신앙과 완고함으로 인해 그들이 장차 겪게 될 민족적 고난을 보여 주는 열린 표적이었다. 태초부터 주님께서는 이스라엘 앞에 축복과 저주를 함께 두셨다(신 27장). 주님의 저주는 사실 축복의 반대적 양상이다. 그들이 주님의 애정 어린 은총과 은혜를 거절함으로써 축복을 잃어버리면, 곧 저주의 상태가 되는 것이다.

주님은 그분 안에서 열매 맺지 못하는 모든 가지를 잘라서 태울 것이라고 경고하셨다(요 15:1-8). 그래서 우리는 죄와 불순종에 반드시 하나님의 저주가 뒤따른다는 것을 배운다. 그러나 그 저주는 언제나 사람들을 회개와 회복으로 이끌게 되어 있다. 더욱이 그리스도께서는 우리의 영혼을 율법의 저주로부터 완전하고도 완벽하게 속량하셨다!(갈 3:13) 이 사실을 알 때 얼마나 기쁜지! 그렇지만 우리의 불충함이 드러났음에도 믿음 없는 상태를 고집한다면, 우리의 가지는 열매를 맺지 못하고, 하는 일들이 나무나 풀이나 짚이 되어 다 타 버릴 수도 있다. 그렇게 유죄 상태가 되면, 두루마리에 이스라엘을 도둑으로 고소하는 내용이 있었듯이 우리 또한 우리에게 주어진 유업과 은혜를 주님에게서 빼앗는 결과를 낳을 것이다. 또한 합당하게 그분을 경외하고 그분께 순종하지 않으면, 우리도 거짓 맹세와 불경의 죄목으로 유죄판결을 받을 것이다.

사실, 성령께서는 우리가 하나님에게서 십일조와 헌금은 물론이거니와(말 3:8-9) 시간과 찬양과 영광과 사랑을 도둑질하고 있음을 분명하게 말씀하셨다. 의심과 두려움과 불신앙과 자기애로 움직일 때마다, 어떤 면에서 우리는 하나님의 것을 도둑질하는 것이다. 또한 그로 인한 패배와 손실이 언제나 기도를 방해하므로, 우리가 그리스도의 몸 전체의 것까지 도둑질하는 것이 된다. 그리고 타인을 위해 기도하지 않고 그들의 필요를 돌보지 않을 때(잠 3:27-28), 우리는 베푸는 능력의 축복과 선함을 나누지 않음으로써 주님의 것뿐 아니라 서로의 것을 도둑질하게 된다. 아니면 남을 비판하고 잘못 판단함으로써, 그들에게서 사랑과 배려를 도둑질할 수도 있다. 삶에서 일어날 수 있고 실제 일어나고 있는 실로 다양한 행동 가운데, 우리는 하나님과 다른 사람의 것을 도둑질하고 있다.

두루마리 속 메시지의 성취는 지독히 파괴적이다. 개인이 끊어질 뿐 아니라 그의 집도 불살라져 없어질 것이다. 여기에서 '끊어지다'라고 번역된 단어는 '정화되다 또는 일소되다'라고도 옮길 수 있다. 이 표현은 죄를 범한 자에게 소망과 위안을 준다. 그러나 최종적인 말씀은 불살라 없어지는 것이고, 여기에서 다시금 우리는 포도나무의 열매 맺지 못한 가지가 불타는 것과 나무와 풀과 짚이 불타 없어지는 것을 떠올린다.

이스라엘은 주님의 이름을 헛되이 취하고, 그분의 이름으로 거짓 맹세를 하고, 서약을 지키지 못한 것으로 인해 이런 심판을 받아야 했다. 훗날 이 말씀은 분명히 성취되었다. 심지어 성전도 파괴되었다. 그러나 스가랴 시대에는 이스라엘이 경고에 주의를 기울였고, 주님께서는 그들에게 은혜와 자비를 나타내셨다. 이후 수세기가 지나도록 그들에게 저주가 임하지 않았다.

스가랴는 아홉 번째 환상에서 한 여인이 에바 즉 큰 바구니 안에 숨어 있는 이상한 장면을 보았다. 깜짝 놀랐을 법하지만, 그는 왕의 초상화 배경에 이 여인을 성실하게 그려 넣었다. 이 구절에서 여인은 선과 악을 모두 상징한다. 마치 인자에게 대응하는 죄된 인간이라는 악한 상대가 있듯이, 어머니 시온에게도 음녀 바벨론이라는 악한 대응 상대가 있었다. 만군의 주께서 이스라엘에서 모든 우상숭배를 없애기로 하셨고, 포로 시기가 끝난 후 그들이 우상과 거짓 종교로 돌아가지 않았다는 것은 기록된 사실이다. 바벨론과 그 불경한 방식은 이스라엘에서 사라져야 했다.

계시록 17, 18장에서는 이 환상과 연결되는 또 다른 환상을 볼 수 있다. 이스라엘이 바벨론에서 구출되고, 거룩한 땅에서 바벨론의 방식이 모두 사라졌던 것처럼, 오늘날 그리스도의 교회도 영적 바벨론으로부터 구출되고 깨끗하게 될 것이다. 가장 멋지고 부유한 도시이자 왕국이었던 바벨론은 훗날 파괴되었고, 다시는 세워지지 않았다. 이에 우리는 기뻐한다! 영적 바벨론도 머지않아 완전히 멸망당할 것이기 때문이다.

종교적 바벨론이 모든 나라를 오염시켰고, 뿐만 아니라 탐욕에 기반을 둔 상업적 바벨론의 영도 모든 문명국가에 스며들었다. 미국도 엄청난 빚을 지고 있지만, 여전히 흥청거리는 술잔치를 벌이며 자원을 낭비하고 있다. 교회에도 바벨론적인 합성물과 물질적인 우상숭배가 침투하였다. 이로 인해 전능하신 하나님보다 전능하신 돈이 더 큰 신뢰를 받는다. 우리의 거룩한 축일은 상업주의에 물들어 축복보다는 수치가 되고 말았다.

우리는 우리 가운데서 바벨론이 제거될 때 기뻐할 것이다. 스가랴는 환상 중에 학의 것과 같은 날개가 달린 두 여인을 보았는데, 그 날개에 바람이 있었다. 그들은 에바를 들어 올려 악한 여인을 시날 땅으로 옮겨 갔다. 학은 대표적인 철새로서, 빠르게 비행할 수 있다. 학은 뱀이나 부정한 것들을 먹이로 삼는다. 그리고 이 환상에서는 학이 천사의 전령을 상징하는 것으로 보인다. 어찌되었든, 악은 사라지고 땅은 깨끗해져야 했다. 속량의 이중 사역도 그렇게 이루어질 것이다. 모든 죄인과 특별히 불순종한 선민 이스라엘에게 선고되었던 저주는 때가 되자 결국 예수 그리스도께 지워졌다. 그리고 머지않아 온 땅과 그분의 교회도 모든 바벨론적 행위와 방식으로부터 구출될 것이다.

스가랴가 그린 초상의 이 대목에서, 어떤 예언 교사들은 마지막 때 공산주의의 권세와 그에 대한 심판을 엿본다. 시날(Shinar)은 때로 중국(China)으로 해석되며, '북쪽 땅'은 러시아를 말한다. 중국에서 무신론과 악함과 신성모독과 거짓말이 크게 '터'를 잡고 '집'을 지은 것은 자명한 일로, 중국은 이제 세계 평화를 가장 위협하는 나라가 되었다. 중국의 상징은 용이다. 그래서 우리는 계시록 12장에 기록된 용의 환상과 스가랴의 환상을 연결 지을 수 있다. 위대한 예언서인 계시록에서도, 스가랴의 초상과 마찬가지로 우리 주님께서 모든 악을 심판하는 하나님의 말씀이자 모든 원수를 이긴 승리자로 나타나신다.

〈 기뻐하라, 오 시온아 〉

기뻐하라

오 시온아, 굳세어라

주께서 활시위를 당기신 것을 알지어다

너는 능한 자의 검이라

그러나 지금은 악의 군대가 버티고 있고

주의 적들이 삼키고 짓밟고 있으니

네가 그분의 깃발이자 왕관이기 때문이라

– 도라 퍼니스터

스가랴 6장
관을 쓴 제사장 되신 메시아

스가랴는 계속해서 차분하고도 선명한 색채로 심판의 배경을 그려낸다. 이제 심판은 모든 민족에게로 향한다. 열 번째 환상에서 스가랴는 구리 산 사이에서 나오는 네 대의 병거를 본다(슥 6:1). 이 병거는 분명 천사들의 탈 것이다. 병거와 말은 보통 정복과 심판을 상징한다. 구리(놋)도 심판을 의미한다. 병거가 나온 두 산은 시온산(왕의 집), 그리고 모리아

산(주의 성전) 또는 예수님께서 승천하시고 다시 오실 감람산으로 추정된다. 두 산 사이에는 여호사밧 골짜기가 있다. "내가 만국을 모아 데리고 여호사밧 골짜기에 내려가서 내 백성 곧 내 기업인 이스라엘을 위하여 거기에서 그들을 심문하리니 이는 그들이 이스라엘을 나라들 가운데에 흩어 버리고 나의 땅을 나누었음이며"(욜 3:2).

요엘서의 이 예언이 스가랴가 그린 초상을 얼마나 완벽하게 보충하고 있는가! 그리고 팔레스타인의 분할이 이처럼 예언된 것이 또 얼마나 놀라운가! 어떤 성경 해석가는 이 구절이 오늘날 세계의 큰 네 권력, 미국과 영국과 러시아와 중국을 가리킨다고 말한다. 이들이 이 땅의 다른 나라를 이끌며 특별한 책임을 지고 있는 것은 사실이다. 그러나 곧 주님께서 모든 나라를 다루실 것이다.

"검은 말은 북쪽 땅으로 나가고"(슥 6:6). 검은 말은 죽음과 슬픔을 가지고 북쪽 바벨론으로 갔다(스가랴가 이 환상을 본 지 약 2년 후, 바벨론이 반역함으로써 다리우스 왕은 그 나라를 완전히 무너뜨려 버렸다). 이것은 예언의 제한적이고 지역적인 성취였다. 마지막 때에는 이 예언이 훨씬 더 크게 완성될 것이다. 지금도 중국은 기근과 극심한 자연재해로 인해 점점 약해지고 있다.

"흰말은 그 뒤를 따르고"(슥 6:6). 검은 말의 뒤를 따르는 흰말은 다리우스의 승리를 나타내며, 또한 바벨론과 메대 바사 제국 전체에 대한 주님의 최종적인 승리를 나타내기도 한다. 어떤 번역본은 흰말이 서쪽으로 갔다고 해석한다. 기독교의 전체 움직임이 서쪽으로 향했던 것은 분명한 사실이며, 현재 마지막 때의 큰 복음 운동의 지도자와 전달자도 예루살렘에서 가장 서쪽에 있는 나라인 미국에서 나오고 있다. 최근 선교 보고서에 따르면, 전체 선교사와 복음 사역자의 70퍼센트가 미국 출신이다.

"어룽진 말은 남쪽 땅으로 나가고"(슥 6:6). 이집트는 보통 '남쪽으로 가는 땅'으로 불렸다. 스가랴가 이 예언을 했을 때에는 이스라엘과 이집트의 관계가 상당히 평화로웠다. 그러나 수세기를 거치면서 관계는 다각화되었다. 주님께서는 이집트를 부분적으로는 호의로, 부분적으로는 징벌로 다루셨던 것 같다. 이집트는 학자와 역사가와 여행가에게는 관심의 대상이었지만, 정세적으로는 주변국 사이에서 눈에 띄지 않는 나라였다. 그러나 이스라엘이 거룩한 땅으로 다시 돌아갔을 때, 이집트가 갑자기 국제무대에 재등장했다! 그리고 지금은 이집트가 결코 무시할 수 없는 나라임을 전 세계가 알고 있다. 가자 지구와 요르단 강 서안 지구와 같은 팔레스타인 자치정부의 존재는 고대의 예언이 현재에 되살아났음을 상기시키고 있다.

때로 우리는 주님의 목적과 심판이 왜 이리 오랫동안 완성되지 못하는지 궁금하게 여긴다. 지금 세대는 폭력과 불법과 죄가 전에 없이 광범위하게 퍼져 있다. 천사들도 분명 우리만큼이나 이 땅이 깨끗해지기를 열망할 것이다. 성령께서는 이 땅이 피로 씻겨져야 한다고 우리에게 얼마나 자주 말씀하시는지 모른다! 그리스도의 피로 씻지 않는다면, 점점 참혹해지는 전쟁의 피가 덮게 될 것이다. 핵전쟁의 위협은 갈수록 커지고 있다. 이런 때에 우리는 주님의 위대한 날을 보기를 고대한다. 그리고 어둠 뒤에 반드시 날이 밝는 것처럼, 주님께서 반드시 오실 것을 알기에 기뻐한다.

갑자기 환상이 끝나고, 주님의 직접적인 음성이 스가랴에게 임하였다. 주님은 그에게 예언할 뿐 아니라 행동하라고 지시하신다. 선견자가 말씀을 행하는 자가 되었다! 하나님의 말씀이 실현될 때, 왕의 초상은 이제 '생생한 색채'로 영화처럼 살아 움직인다. 어떤 성경 주석가는 스가랴 6장 10절에서 시작되는 이 부분을 두고 구약에서 메시아를 가장 영광스럽게 묘사한 장면이라고 말한다.

스가랴 선지자에게는 큰 대제사장 메시아에게 관을 씌우는 대단한 영예가 주어졌다. 물론 지금 그분은 이 땅에서 그분을 대표하는 여호수아의 형상을 입고 계신다. 이는 굉장히 독특한 행동이었다. 대제사장은 보통 그런 관을 쓰지 않았기 때문이다. 분명 스가랴는 어떤 점에서는 주님의 명령에 순종하기가 어려웠을 것이다. 이스라엘에서는 제사장직과 통치 부문이 언제나 분리되어 있었고, 서로의 역할을 대신할 수도 없었다. 그러므로 대제사장을 통치직에 두는 것은 신성한 질서에서 벗어나는 일로 보였을 것이다. 그러나 이제 우리는 예수님께서 왕이자 제사장이심을 알기에, 스가랴 선지자가 행한 이 아름다운 의식의 진리를 이해할 수 있다. 그것은 참으로 하나님께서 다스리시는 신정 정치의 드라마였다. 여기에서 존귀를 받으신 분은 여호수아가 아니라 바로 메시아였기 때문이다. 그 관에는 속량을 상징하는 은과 위엄을 뜻하는 금이 모두 사용되었다.

스가랴는 이 의식을 행하면서 다음과 같이 말해야 했다. "만군의 여호와께서 이같이 말씀하시되 보라 싹이라 이름하는 사람이 자기 곳에서 돋아나서 여호와의 전을 건축하리라 그가 여호와의 전을 건축하고 영광도 얻고 그 자리에 앉아서 다스릴 것이요 또 제사장이 자기 자리에 있으리니 이 둘 사이에 평화의 의논이 있으리라 하셨다"(슥 6:12-13).

싹이라는 단어는 스가랴 3장에서 처음 나오는데, 그때는 "내 종(servant) 싹"(슥 3:8)이라고 했다. 그런데 여기에서는 "싹이라 이름하는 사람(the MAN)"이라고 한다. 이어지는 '이 둘'이라는 말은 이해하기 어렵고 혼란스러운 표현이다. 어떤 성경 주석가는 이를 두고 시편 110편에서 "여호와(LORD)께서 내 주(Lord)에게 말씀하시기를"이라고 한 것처럼, 예수님과 하나님 아버지의 교통하심에 대한 계시라고 믿는다. 그러나 이스라엘에게 주님은 한 분이었고, 아버지와 아들에 대한 이러한 언급들은 가려졌다. 이는 오직 그리스도께서 오신 후에만 온전히 이해될 수 있었다.

대제사장이 보좌나 다른 어떤 좌석에 앉는다는 것은 전혀 들어본 바 없는 일이었다. 성전 안에는 제사장이 앉을 자리가 마련되어 있지 않았다. 그들은 서 있거나 무릎을 꿇고서, 아니면 주님 앞에 엎드려서 섬겼다. 반면 통치자와 재판관은 언제나 보장된 안식의 자리에 앉아서 권세를 행사하는 것으로 묘사된다. 예수님께서는 아버지의 우편에 서서 백성을 위해 중보하시는 하늘의 제사장으로 그려진다. 그러나 한편으로는, 스가랴가 묘사하듯이 그분의 보좌를 차지하고 통치하실 것이다.

심판과 파괴의 어두운 장면이 지나고, 하나님의 보좌에 면류관을 쓰고 앉으신 우리의 왕이자 대제사장이신 예수 그리스도를 바라보니 얼마나 감동이 되는지! 우리를 위해 이런 그림을 그려 준 스가랴 선지자에게 감사드린다. 또한 그가 덧붙인 특별한 정보에 대해서도 이야기할 수 있어서 너무나 기쁘다.

면류관은 그것이 만들어지는 데 희생한 사람들에게 돌아가야 하고, 그들을 기념하기 위해 주님의 성전 안에 두어야 한다(슥 6:14). 그 사람들과 면류관의 명성은 다른 땅으로 퍼지고, 다른 사람들도 바벨론을 떠나 사랑의 희생으로 성전을 지을 것이다. 성령께서는 마지막 때에 바벨론을 떠나 주님의 영화로운 영적 집을 짓기 위해 희생하는 우리도 사랑으로 격려하신다. 우리도 성전 건축에 복된 부분을 담당할 수 있으며, 우리의 은(속량된 삶)과 금(정결케 된 믿음)도 그분께서 쓰실 관에 사용될 수 있다. 그분의 은혜로 말미암아 우리도 주님께 영원한 기념이 될 수 있으며, 왕과 그분의 왕국을 그린 위대한 초상의 한 부분이 될 수 있다.

Chapter 2
여왕의 초상

프란시스 메트컬프

선지자가 오랫동안 예언했네

왕의 오른쪽에 설 그분의 여왕

왕관을 머리에 쓰고

오빌의 순금으로 옷 입었네

거느린 여인들이 그녀를 에워싸고

왕의 딸들은 아름답게 정렬했네

온 민족이 기뻐하며

그녀의 대관식을 환영하네

지금까지 본 것 중

가장 영광스러운 신부

보라, 시온의 여왕!

황금 액자에 표구된 옛 장인의 명작처럼, 여왕의 초상은 하나님의 살아 있는 말씀에 새겨져 잠언의 마지막 장에 기록되어 있다. "르무엘 왕이 말씀한 바 곧 그의 어머니가 그를 훈계한 잠언(prophecy, 예언)이라"(잠 31:1). 어떤 학자들은 이 잠언을 지혜의 아들이자 왕의 노래를 많이 불렀던 솔로몬이 지은 것으로 본다. 그들은 솔로몬이 '하나님에게서 난 자'라는 뜻의 르무엘이라는 이름으로도 불렸다고 믿는다. 그에게 이 노래를 가르친 어머니는 당연히 밧세바이다. 그러나 다른 학자는 르무엘이 맛사의 왕이었으며, 이 잠언은 그의 어머니가 가르쳐 준 것이라고 말한다.

그러나 솔로몬이 밧세바에게 배워서 이 최고의 노래를 지었다고 보는 것이 구절의 취지에 더 맞을 것 같다. 나단 선지자가 밧세바를 '암양'에 비유하여 말하지 않았던가? 그리고 그녀는 '암양', 즉 어린 양의 신부의 원형을 묘사한 것이 아닌가? 나단 선지자는 밧세바에 대해 이렇게 말했다. "(가난한 사람은) 자기가 사서 기르는 작은 암양 새끼 한 마리뿐이라 그 암양 새끼는 … 그가 먹는 것을 먹으며 그의 잔으로 마시며 그의 품에 누우므로 그에게는 딸처럼 되었거늘"(삼하 12:3). 또한 밧세바는 솔로몬을 왕좌에 앉히고, 왕의 오른쪽 자리에서 '왕의 어머니'라 불린 여인이 아니었던가?

그러나 우리의 주된 관심은 이 노래를 부른 사람이 아니라 노래 자체에 있다. 어쨌든 우리가 확신하는 바는, 이 노래가 복되신 성령의 영감으로 지어졌다는 것과 성령께서 솔로몬에게든, 르무엘에게든 이 아름다운 선율을 처음 들려주셨던 때와 마찬가지로, 마지막 때를 사는 우리에게도 '지혜의 어머니'와 함께 이 노래를 불러 주신다는 사실이다. 이 예언적 노래는 설교자와 시인과 작가들이 세대를 이어 선호하는 주제곡이었다. 당신은 분명 이 잠언을 수없이 읽거나 들었을 것이다. 그리고 그중에 마음을 끄는 구절을 심령 깊이 품고 아끼며 암기했을지도 모른다.

내가 어렸을 때 어머니께서는 잠언 31장을 자주 읽어 주셨다. 외할머니께서는 어머니에게 이것을 '생일 잠언'이라고 가르쳐 주셨다고 한다. 모든 여자가 자신이 태어난 날짜에 맞는 절을 취하여 생일 구절로 삼을 수 있기 때문이다. 나는 26일에 태어났기 때문에 사모할 만한 정말 좋은 구절을 갖게 되었다. 어머니께서는 그 구절을 내게 자주 떠올려 주셨다. "입을 열어 지혜를 베풀며 그의 혀로 인애의 법을 말하며"(잠 31:26). 그러나 1일부터 7일까지 태어난 사람은 해당 구절이 매우 이상하고 부적절했다. 결국 생일 잠언이라는 아이디어는 그저 재미있는 전통으로만 여기고 폐기해야 하는 것이었다.

어쨌든 덕분에 나는 일찍부터 잠언 31장을 좋아했다. 그러나 구원받고 성령으로 충만해지기 전까지는 그 의미를 제대로 이해하지 못했던 것 같다. 성령으로 충만해진 후에야 성령께서 이 노래를 나의 심령에 불러 주시며, 원래 뜻에 맞게 되살려 해석해 주셨다.

많은 설교자들은 잠언 31장이 '현숙한 여인', 즉 선하고 부지런한 아내이자 어머니에 대한 하나님의 모범을 가르쳐 준다고 여긴다. 물론 그러하다. 사실 거의 대부분의 사람들이 그렇게 해석하고 유익하게 적용하고 있을 것이다. 그러나 우리가 시편 45편과 아가서, 그리고 그리스도의 신부에 대해 바울과 요한이 가르친 내용의 비밀을 계시 받고 경험한 후에는 잠언 31장이 그저 이 땅의 여인만이 아니라 영적인 여인에 대한 노래이기도 함을 깨달았다. 또한 우리는 이 '여인'이 개인이 아니라 정선된 믿는 자들의 몸이라는 사실을 알게 되었다. 그들은 남녀를 불문하고, 신부로서 그리스도와 연합되어 다양한 단계를 통과하고 마침내 가장 높은 차원의 성숙과 결실, 즉 왕의 어머니인 모후(the Queen Mother)의 수준에 도달한 사람들이다!

> 왕후는 오빌의 금으로 꾸미고 왕의 오른쪽에 서도다 … 왕의 딸은 궁중에서 모든 영화를 누리니 그의 옷은 금으로 수놓았도다 (시 45:9, 13)

그렇다. 아버지께서는 그분의 아들 주 예수 그리스도와 함께 다스릴, 아름답고 성숙하고 경애할 만한 여왕을 예비하고 계신다. 이 여왕은 모든 나라와 민족 가운데서 선발된다. 그녀는 엄격한 훈련과 시험을 통하여 준비된다(부름 받은 사람은 많으나 택함 받은 사람은 적다). 모팻 번역본에 따르면, 그녀는 그분의 가장 뛰어난 자이며, '하나'뿐인 자이다. 왕에게는 무수한 시녀와 수많은 후궁과 또 몇 명의 왕비(여왕)가 있다. 이는 모두 왕께 헌신하고 그분과 연합하는 다양한 단계와 등급을 묘사한다.

> 왕비가 육십 명이요 후궁이 팔십 명이요 시녀가 무수하되 내 비둘기, 내 완전한 자는 하나뿐이로구나 그는 그의 어머니의 외딸이요 그 낳은 자가 귀중하게 여기는 자로구나 여자들이 그를 보고 복된 자라 하고 왕비와 후궁들도 그를 칭찬하는구나 (아 6:8-9)

너무나 친밀하고 사랑스럽게 묘사된 이 '여인'은 왕 중의 왕의 배우자로 선택될 것이다. 그녀는 왕의 오른쪽에 서서 왕국과 영광을 함께 누릴 것이다. 예수님의 제자들이 누가 그분의 오른쪽, 그 탐나는 자리에 앉을 자격이 있는가를 두고 논쟁한 적이 있다. 예수님께서는 지혜롭게도 직접적인 대답은 하지 않으시고, 그 자리에 앉는 영광은 오직 하나님의 처분에 달려 있음을 분명히 하셨다. 그리고 시편 45편은 그 자리가 모후를 위해 마련되었으며, 그녀가 받을 은총과 영광과 보상이 크다고 밝힌다.

여왕의 대관식 날, 선택된 무리 중에 매우 미천하고 유명하지 않은 사람들이 있는 것을 보고 놀라게 될 것이다. 그들은 사람들 사이에서는 알려지지 않고 칭송받지 못했지만, 하늘나라와 왕께는 매우 잘 알려져 있다! 그날에는 그들 위에 왕의 총애가 임하고, 그분께서 그들의 아름다움을 크게 사모하시는 것을 모두가 볼 수 있을 것이다. 그들은 왕의 사랑스러움과 은혜를 반영하고 투사한 아름다움을 지니고 있다. 이 택함 받은 몸이 그분의 온전한 이름을 지닐 것이며, 그리스도와 연합되어 이 땅에 그분의 아들인 왕자들을 낳을 것이다. 그리고 그분과 함께 만세에 영광을 받고 송축될 것이다(시 45:16–17).

이 간택된 여인의 초상은 면밀히 연구할 가치가 있다. 그녀가 받은 은총과 영광을 보고 나면, 피상적으로 훑어보는 것만으로는 만족할 수 없다. 그러므로 우리는 잠언 31장에서 모후가 사랑스런 왕자들에게 말해 주었던 고귀한 기도와 맹세의 말씀에 고요한 심령으로 귀를 기울인다. 그녀는 아들들이 돕는 배필이자 배우자, 나아가 다음 왕자들의 모후가 될 훌륭한 신부를 찾는 일에 깊은 관심을 갖고 전념한다. 그녀는 먼저 왕자 자신의 개인적인 책임과 온전함에 대한 사려 깊은 가르침으로 노래를 시작한다. 그리고 왕자가 마음을 나누고 왕좌를 함께하기 위해 선택해야 할 여인의 모습을 그려 낸다. 모후는 위대한 장인의 기술로 신부의 초상을 창조한다. 덕과 정절과 근면과 능력과 아름다움과 지혜와 창의력과 힘과 기술과 친절함을 가진 여인. 이는 윌리엄 워즈워스의 시구를 생각나게 한다.

경고하고, 안위하고, 다스리도록
고귀하게 계획된 완전한 여인
그러면서도 무언가 천사 같은 빛으로
여전히 그 영은 평온히 빛난다

이 고귀하고 사모할 만한 피조물은 한낱 허영에 찬 장식품이 아니라 왕의 집을 영화롭게 할 존귀한 그릇이다. 모후는 수줍은 신부의 싱

싱한 매력이나 매혹에 무게를 두지 않는다. 그런 속성들은 쉬이 사라져 버린다는 것을 알기 때문이다. 대신 그녀는 완벽한 아내이자 어머니로서의 자격을 강조한다. 이를 그리스도의 신부에게 적용하자면, 쾌활한 소녀나 풍만한 아가씨나 직장 여성 같은 현대적인 여성상이 아님을 쉽게 알 수 있다.

성도들 중에는 자신을 향한 주님의 사랑 안에서 즐겁고 기쁜 상태에만 영원히 머물고 싶어 하는 사람들이 있다. 그들은 연애와 같은 영적 경험을 갈망하며, 실제로 아름답고 황홀하고 충만한 기쁨을 만끽한다. 그리스도와 완벽하게 연합되기를 기대하며 그분을 신랑으로서 바라보고 그분과 영적으로 약혼한 사람들은 이런 기쁨을 공유한다. 그러나 그들은 아가서의 술람미 여인처럼, 정작 주님께서 가까이 이끄실 때는 심령의 문을 더디게 연다. 그들은 실제 아내와 어머니가 감당하는 필연적인 책임과 노동, 부담, 고통은 회피한다.

자연적인 영역에서 어머니가 되어 본 사람은 연애와 신혼 시절이 쏜살같이 지나가 버리고 그 뒤에는 확연히 다른 결혼 생활이 펼쳐진다는 것을 잘 알고 있다. 그들은 가정을 세우고 가족을 일으키기 위해 신부로서 누리던 많은 즐거움과 특권을 내려 놓아야 한다는 것을 배웠다. 영적인 영역에서도 똑같다. 그리스도와의 연합은 큰 놀라움과 기쁨과 황홀감과 경이로움에서 출발한다. '동산'에서의 밀회는 절대 다른 사람과 나눌 수 없는 지극히 개인적이고, 비밀스럽고, 황홀한 경험이다.

그분은 나와 동행하고 대화하시네

그분은 나를 그분의 소유라 하셨네

우리가 그곳에 머물며 함께 나눈 기쁨은

그 누구도 알 수 없으리

그러나 그분과 연합된 삶이 계속되면서 책임도 커져 간다. 하늘의 신랑을 더 친밀하게 알아 갈수록, 우리는 여느 헌신된 아내들이 그러하듯 그분의 고통에 더 많이 참여하게 된다. 그분의 자녀를 낳고, 그분의 왕가를 세우고, 그분의 일과 전쟁에 개입하면서 전에 느꼈던 연애의 짜릿한 기쁨은 점점 사라진다. 그러나 주님의 믿음직한 '아내'에게는 더 긴밀하게 사랑하고, 더 깊이 이해하며, 그분의 수고에 동참하고, 그분의 고통과 영광을 분담하는 큰 보상이 따른다.

주님은 많은 사람을 아시지만, 제대로 그분을 아는 자는 매우 적다. 그리하여 바울은 부르짖었다. "내가 그분을 알고자 한다!"(빌 3:10) 이 영역으로 들어간 성도만이 그분의 왕자와 공주를 낳을 자격이 있다. 그리고 그들이 나라를 얻으리니 그 누림이 영원하고 영원하고 영원할 것이다(단 7:18).

이러한 진리에 대한 계시를 갖는 것만으로는 충분하지 않다. 반드시 우리 안에서 경험적 지식이 일어나야 한다. 다시 말해 눈에 보이는 주님의 왕국을 세우기 전에 실제적으로 그분과 연합하고 신성한 열매를 맺어야 하는 것이다. 이러한 부르심에 합당한 자는 어느 시대에나 매우 적었고, 당대에 알려지지 않은 경우가 많았다. '위대한 다윗의 더 위대한 아들'을 낳은 다윗 가문의 보잘것 없던 모후(마리아)도 그러했다. 그러나 모든 후손들은 그녀를 복되다 하였다. 모든 세대로부터 이런 사람들이 나와서 시온의 여왕의 몸을 이루게 될 것이다.

보라! 여왕의 초상이 곧 베일을 벗으려 한다. 우리는 생각을 가라앉히고, 이 신성한 걸작에 주의를 집중한다. 장막이 서서히 걷히자, 그림이 발산하는 영광에 잠시 눈이 멀고 만다. 여왕을 둘러싼 후광에 점차 적응하자, 그림을 자세히 살펴보기 시작한다. 오, 부디 감정가의 눈으로 헤아려 볼 수 있기를! 우리는 첫 붓놀림부터 현숙한 여인의 윤곽을 선명하게 그려 낸 것을 알아차린다! 현숙(virtue, 덕)이라는 단어의 히브리 원어는 힘, 견고함, 능력을 가리킨다. 우리는 이 초상이 합성화라는 것을 깨닫는다. 그 안에는 사랑스러운 룻의 모습도 보인다. 우리는 그녀가 들었던 기념할 만한 말을 떠올린다. "그리고 이제 내 딸아 두려워하지 말라 내가 네 말대로 네게 다 행하리라 네가 현숙한 여자인 줄을 나의 성읍 백성이 다 아느니라"(룻 3:11).

룻은 궁핍하고 고통스러운 상황에서 자기 민족과 땅과 방식을 저버리고 영적 어머니인 나오미에게 신의를 다하여 현숙함을 나타내었다. 그녀는 자신의 뜻과 논리를 버리고, 경솔하고 위험해 보이는 일이지만 어머니의 지시에 완전히 순종했다. 그러나 모든 과정에서 불완전한 방식과 상관없이 룻의 믿음과 순결함과 겸손은 빛을 발하였다. 그녀는 풍성한 보상을 받았다! 그녀는 오벳을 낳았고, 오벳은 장차 다윗의 할아버지가 되었다. 이렇게 다윗 가문에서 한 자리를 차지하게 된 것이다. 그녀는 결국 예수 그리스도의 조상이 되었다!

현숙한 여인! 그녀의 값은 루비보다도, 왕관을 장식하는 그 어떤 보석보다도 훨씬 귀하다. "그런 자의 남편의 마음은 그를 믿나니 산업이 핍절하지 아니하겠으며"(잠 31:11). 우리 주님께서는 여왕, 곧 신부에게 신성한 심령을 맡기시고, 가장 은밀한 신비와 비밀과 열망을 보여 주신다. 주님께서는 그녀가 배신하거나 손해를 가져오리라는 두려움을 전혀 갖지 않으신다. 그녀는 사려 깊고, 정숙하고, 침착하며, 말수가 적은 여인이다. 마리아가 그랬듯이, 그녀는 '이 일들'을 심령 가운데 깊이 생각하며, 어리석게 여기저기 떠들지 않는다. 선의를 가진 영혼은 많으나 그들이 왕과 긴밀한 연합을 갖기에 부적합한 이유는 비밀을 지키지 않기 때문이다. "여호와의 친밀하심(secret, 비밀)이 그를 경외하는 자들에게 있음이여"(시 25:14).

또한 그분의 여왕은 평생 왕께 선을 행하고, 악을 행하지 않을 것이다. 모팻 번역본은 이렇게 표현한다. "그녀는 평생 남편에게 이익을 가져다주고, 손해를 주지 않을 것이다." 그녀의 헌신과 순종은 변덕스럽고 돌발적인 것이 아니라, 견실하고 일관되며 영원하다. 스스로를 진리의 깨끗한 빛으로 비추어 보면, 대부분은 지금껏 얼마나 열매가 없고 잘못된 일을 해 왔는지, 그리고 사랑하는 주님께 얼마나 많은 슬픔과 손해와 방해를 끼쳤는지 깨닫게 된다. 심지어 우리가 그분께 도움이 되기 위해 했던 일도 마찬가지이다. 우리의 태만이 그분의 소중한 가정과 자녀와 왕국의 기업에 끼친 악영향을 알게 되면 매우 고통스럽다.

그렇다. 우리는 가끔일지라도 그분께 자산이기보다는 부담이었음을 즉시 인정할 수밖에 없다. 우리는 경건한 슬픔으로 그분께 실패에 대해 회개하고, 성화되기를 구해야 한다. 우리는 그분 안에서만 과거의 실패를 반복하지 않을 수 있다. 그리고 그런 후에야 비로소 하나님께서 위로부터 부르신 부름에 걸맞은 자격을 갖추기 시작한다. 하나님을 제법 기쁘시게 한다고 자만하는 동안, 우리는 기만의 위험에 빠져 있었다. 오늘날 하나님의 성도에게 임한 심각한 미혹은 바로 라오디게아 성도가 빠졌던 자만심이다.

> 네가 말하기를 나는 부자라 부요하여 부족한 것이 없다 하나 네 곤고한 것과 가련한 것과 가난한 것과 눈먼 것과 벌거벗은 것을 알지 못하는도다 내가 너를 권하노니 내게서 불로 연단한 금(여왕은 금으로 수놓은 예복을 걸쳤다)을 사서 부요하게 하고 흰옷(의로 여겨지고 수놓아진 세마포)을 사서 입어 벌거벗은 수치를 보이지 않게 하고 안약을 사서 눈에 발라 보게 하라 (계 3:17-18)

부르심이 높을수록 자격도 높아진다. 성령의 영역에 처음 들어온 사람들은 흔히 자신의 은사와 성과에 대해 지나치게 자신만만하다. 그러나 그리스도 안에서 더 많이 성장하고 말씀의 의미를 깊이 이해하게 될수록 더욱 겸손해지고 자신을 성찰하게 된다. 사도 바울은 당대의 그 누구보다도 하나님의 큰 은혜를 입고, 은사를 받았으며, 존귀하게 되었다. 그러나 그는 자신에 대해 얼마나 큰 온유와 절제로 말하였는가! 그는 스스로 다 이룬 것으로 여기지 않았다. "그리스도 예수 안에서 하나님께서 위로부터 부르신 부르심"을 이룬다는 의미를 알고 끝까지 경주하였다. 누구도 그렇게 할 수 없었을 것이다.

만약 우리가 그리스도께 잡힌 바 되어 보좌에 참여하도록 부름 받는다면, 우리는 그분을 따르는 자 가운데서도 가장 겸손하고 낮아지는 사람에 속할 것이다. 하나님께서 선택하신 여왕은 환상이나 기름부음이나 계시나 능력과 축복의 경험에 의존하지 않는다. 그녀는 하늘나라가 실제적인 바탕에 기반을 두었음을 안다. 살아 있고 활력 있고 예리한 하나님의 말씀이 심령의 숨은 동기를 드러내며 안일함을 계속해서 잘라 낸다. 그녀는 자기 안에 아들 예수의 본성이 갖추어질 때 비로소 아버지께서 만족하신다는 것을 알고 있다. 또한 빈틈없는 농부이신 아버지께서 좋은 열매를 풍성히 맺기를 요구하신다는 것도 알고 있다. 그녀는 열 달란트를 가진 종이며, 백 배의 상급을 받을 것이다. 그러나 결코 상급으로 영광 받으려 하지 않을 것이다. 모든 것이 마땅히 주님의 것임을 알고, 그분의 발앞에 내려놓을 것이다.

여왕의 초상을 다시 면밀히 살펴보자. "그는 양털과 삼을 구하여 부지런히 손으로 일하며"(잠 31:13). 그녀는 여왕이지만, 또한 일꾼이기도 하다. 게으른 때란 없다! 그녀는 자신을 칭찬하는 모든 식구들에게 모범이 된다. 예수님께서 말씀하셨다. "내 아버지께서 이제까지 일하시니 나도 일한다"(요 5:17). 그리스도의 신부는 이와 같은 신성한 열망으로 촉진된다. 그러나 육신의 무익한 에너지로 수고하지 않는다. 그녀는 사람의 방식이 아닌 성령의 능력을 따른다. 자신의 헛된 노력과 생각과 방식을 멈추고, 언제나 하나님께서 자기 안에서 일하시는 것을 인식한다.

그녀는 하나님의 백성들을 위해 마련된 안식(안식일)으로 들어간다. 그렇다고 멍하니 게으름을 피운다는 뜻은 아니다. 성령께서 활동하지 않으실 때는, 그분의 움직임을 기다리며 잠잠히 경배하는 태도를 유지한다. 아주 미세한 자극에도, 그분의 열망에 온전히 동역하며 자신을 내어드린다. 그리하여 모든 영혼들이 경험하는 공허하고 메마른 것 같은 때에도 절대 불안해하지 않는다. 그녀는 스스로 고안한 온갖 취미와 관심과 활동으로 생각과 시간을 마구 채워 넣지 않는다. 그녀는 언제나 성령의 뜻과 부르심에 따른다. 그렇게 할 때에 너무 진부한 일도, 그렇다고 자신을 높이기 위한 일도 없다. 하나님께서 그녀를 통해 하시는 일은 모두 믿음의 일이요, 사랑의 수고다.

"상인의 배와 같아서 먼 데서 양식을 가져오며"(잠 31:14). 그렇다. 참으로 그녀는 먼 데서 양식을 가져온다! 하늘에서 내려온 '숨겨진 만나', 즉 살아 있는 하나님의 말씀으로 식구들을 먹이며, 하나님의 높은 산에서 흘러내린 맑은 샘물을 마신다. 그녀는 상한 음식, 즉 선지자 지망생들이 요리한 국 안의 독(왕하 4장)을 내버려 두지 않으며, 거짓 목자들이 양 떼에게 주는 오염된 물을 같이 마시지 않는다.

"밤이 새기 전에 일어나서 자기 집안 사람에게 음식을 나누어 주며 여종들에게 일을 정하여 맡기며"(잠 31:15). 그녀는 밤중에는 하나님과 함께 파수를 보고, 아침에는 일찍 일어나 그분을 구하는 것이 얼마나 능력 있는 일인지를 안다. 그녀는 동틀 무렵 일어나 식구들이 먹을 양식을 준비한다. 그녀의 사랑스러운 손이 공급하는 한, 양식이 절대 부족하지 않다. 식구들은 말씀의 양식과 젖을 흡수한다. 그들은 점점 강해지고, 왕을 용맹하게 섬기게 된다. 그들은 그분의 능력의 새날을 위해 일어서고 준비하고 무장한다!

"그녀는 숙고하여 밭을 사며"(잠 31:16, 킹제임스성경). 이 여인은 기도로 정복하는 법을 알고 있다. 예수님께서는 밭은 세상이라고 선포하셨다(마 13:38). 그러나 애석하게도 대부분의 밭이 원수의 손아귀에 있다! 정결하게 된 믿음의 금으로 반드시 그 밭을 되찾고 되사야 한다. 여왕은 주님께서 "내게 구하라 내가 이방 나라를 네 유업으로 주리니 네 소유가 땅끝까지 이르리로다"(시 2:8)라고 말씀하신 것을 알고 있다. 그러므로 그녀는 구하고, 밭 가운데서 자신의 몫을 산다.

또한 여왕은 자신의 손으로 번 것을 가지고 포도원을 일군다(잠 31:16). 그녀는 전문 경작꾼이며, 참 포도나무를 심었다. 그녀는 사랑하는 이들을 위해 포도원을 준비하며 기뻐한다. 그녀에게는 주님께 제물로 드리거나 식구들이 마실 새 포도주가 부족하지 않을 것이다.

"힘 있게 허리를 묶으며 자기의 팔을 강하게 하며"(잠 31:17). 이 구절에서 드보라, 야엘, 잔 다르크 등 위기의 때에 용맹하게 전장에 나갔던 여인들이 떠오른다. 그들은 당시에 다스리는 여인의 전형이었고, "주 안에서와 그 힘의 능력으로 강건"하였다. 여왕은 흔들리거나 쓰러지지 않는다. 그녀는 약할 때에도, "나는 주 안에서 강하다"라고 말하며 극복한다. 그녀는 하나님의 명령에 따라 달릴 수도 있고, 걸을 수도 있으며, 가만히 서 있을 수도 있다. 또한 그분의 뜻을 따라 싸우러 나갈 수도 있고, 피할 수도 있다. 때로는 시온처럼 강하게 목소리를 높이기도 하고, 때로는 마리아처럼 침묵을 지키며 잠잠히 주님의 말씀이 이루어지기를 기다린다.

"자기의 장사가 잘되는 줄을 깨닫고 밤에 등불을 끄지 아니하며"(잠 31:18). 모팻 번역본은 이 구절을 다음과 같이 표현한다. "그녀의 집에서는 촛불이 밤새 타고 있다." 하나님을 찬양하라! 그녀의 삶이 바로 등경 위에 놓여 주님의 온 집안을 밝히는 등불이다. 여호와께서 다윗의 가문에 항상 등불을 주시겠다고 하셨다!(대하 21:7) 지치고 방황하는 사람들을 안전하게 집으로 인도하는 등대처럼, 여왕의 등불은 어두운 세상 가운데 늠름하게 빛을 발하고 있다.

"손으로 솜뭉치를 들고 손가락으로 가락을 잡으며 … 자기 집 사람들은 다 홍색 옷을 입었으므로 눈이 와도 그는 자기 집 사람들을 위하여 염려하지 아니하며"(잠 31:19, 21). 왕실 가족에게 걸맞은 옷을 입히는 것이 그녀의 기쁨이다. 그녀의 손에서 성령의 존귀한 의복이 공들여 직조되고 만들어진다. 그녀의 식구들에게 기성복이나 인간이 디자인한 종교의 옷은 어울리지 않는다! 적합한 옷을 짓는 데에는 많은 수고와 기술이 들어간다. 추운 겨울이 와도 그녀는 두렵지 않다. 온 가족이 따뜻한 옷을 가지고 있기 때문이다.

그녀는 이토록 왕가를 위해 수고하지만, 왕의 측근이 아닌 사람도 소홀히 여기지 않는다. "그는 곤고한 자에게 손을 펴며 궁핍한 자를 위하여 손을 내밀며"(잠 31:20). 그녀는 영적으로 곤고하고 갈급한 사람들을 늘 염두에 두고 있다. 하나님께 복을 받고 번성할수록, 더욱 넘치게 자선을 베푼다. 과거에 룻이 그랬듯이, 그녀는 왕실 안에 방황하는 고아와 이방인이 쉴 곳을 제공한다.

이 너그러운 여인은 종처럼 수고하지만, 여왕처럼 차려입는다. 그녀는 본인의 복장에 세심한 주의를 기울인다. "네 의복을 항상 희게 하며 네 머리에 향 기름을 그치지 아니하도록 할지니라"(전 9:8). 그녀는 의의 흰옷을 입고, 자기를 위하여 아름다운 이불을 지으며 세마포와 자색 옷을 입는다(잠 31:22). 솔로몬 시대에 자색 옷은 고가의 염색 비용으로 인해 오직 귀족만이 입을 수 있는 옷이었다. 심지어 오늘날에도 로열 퍼플(royal purple)은 주로 대관식에서 쓰이는 색이다. 주님의 여왕은 아름다운 찬송의 옷을 입는다. 그녀는 은혜의 장신구로 단장하고, 왕의 눈에 아름답게 보이도록 꾸민다. "그리하면 왕이 그녀의 아름다움을 사모하실지라"(시 45:11).

"그의 남편은 그 땅의 장로들과 함께 성문에 앉으며 사람들의 인정을 받으며"(잠 31:23). 참으로 그러하다! 남편은 다른 누구도 아닌, 온 우주가 그 영광과 존귀를 찬양할 왕 중의 왕 예수 그리스도이시기 때문이다! 그러나 지금 이 땅에서는 그분께서 영예를 잃고 무시당하실 때가 많다. 그러므로 여왕은 가는 곳마다 그분의 이름이 선포되고 칭송받게 한다. 그녀는 그분께 영예와 영광이 되도록 처신하며, 본인이 높여지고 칭송받으면 즉시 모든 것을 그분의 공으로 돌린다.

"능력과 존귀로 옷을 삼고 후일을 웃으며"(잠 31:25). 나는 이 구절의 옛(유대식) 번역을 좋아한다. "그녀는 마지막 날에 웃을 것이다." 또한 모팻 번역본은 이렇게 해석한다. "그녀의 자리가 굳건하고 안전하다. 그녀는 앞일을 보며 웃을 수 있다." 그렇다. 지존자가 친히 그녀를 세우실 것이다(시 87:5).

이 대목에서 우리는 '위에서 온 어머니' 사라의 모습을 본다. 한때 그녀는 분명 불신앙으로 웃었다. 그러나 믿음이 정결해진 후, 그녀는 거룩한 기쁨으로 웃고 기뻐하게 되었다. 이삭(웃음)이 태어났고, 하나님의 약속이 성취되었다. 여왕은 흔들림 없이 기뻐한다. 성령께서는 자주 그녀를 감동시키셔서 거룩한 웃음을 웃게 하신다. 때로 지극히 어둡고 숨막히는 상황에 처할 때에도 그녀는 기쁨에 찬 함성을 지르고 쾌활한 곡조로 노래한다. 소망 중에 즐거워하는 법을 알기 때문이다.

또한 그녀는 환난 중에 참으며 기도에 항상 힘쓸 수 있다(롬 12:12). 그녀의 힘은 주님을 기뻐하는 것으로부터 솟아난다. 하나님의 시온인 그녀는 하나님을 찬양하며 모든 원수를 향해 미소를 지을 충분한 여유가 있다.

"입을 열어 지혜를 베풀며 그의 혀로 인애의 법을 말하며"(잠 31:26). 얼마나 인상적인 말인가! 이는 시편 45편의 왕에 관한 진술과 같다. "왕은 은혜를 입술에 머금으니"(시 45:2). 야고보는 만일 말에 실수가 없는 자라면 곧 온전한 사람으로서, 능히 온몸도 굴레 씌울 것이라고 단언했다(약 3:2). "옳은 말들은 얼마나 힘이 있느냐!"(욥 6:25, 킹제임스성경) 옳은 말은 얼마나 건설적이고, 얼마나 치유가 되며, 또 얼마나 세워 주는가! 그러나 혀의 영역에 어찌나 많은 문제와 해악이 도사리고 있는지! 이는 생명의 샘이 될 수도 있고, 독이 든 죽음의 개울이 될 수도 있다. 또한 많은 열매를 맺는 나무가 될 수도 있고, 독을 뿜는 나무가 될 수도 있다.

그리스도 안에서 성장하는 사람이라면, 말과 행동 모두를 통해 그분을 영화롭게 하는 법을 배운다. 그들은 입술의 문을 파수하도록 배운다. 그들은 게으르고 어리석으며 해로운 대화에 빠지지 않는다. 그러나 지혜로워질수록 말은 줄어든다. 여왕은 마구 떠벌리는 여자가 아니다. 그녀는 결코 타인을 찌르고 넘어뜨리는 일에 혀를 사용하지 않는다. 그녀의 말은 생명의 말이요 지혜의 말로서, 심령의 보화로부터 흘러나온다. 그리고 그녀의 말에는 왕의 말과 같은 권능이 있다. 첫 번째 하와는 배우자를 꾀는 말을 하여 생명나무의 열매를 먹을 권리를 자손들에게서 빼앗았다. 그러나 두 번째 하와, 즉 두 번째 아담의 신부는 자녀에게 영생의 말을 하고, 그들을 경이로운 생명나무에 영원히 참여할 수 있는 낙원으로 인도할 것이다.

"자기의 집안일을 보살피고 게을리 얻은 양식을 먹지 아니하나니"(잠 31:27). 그녀는 가족들이 부지런하고, 깨어 있고, 질서정연하도록 관리한다. 임박한 왕의 방문과 나타나심을 대비하여 그분의 집을 세우고 있는 것이다!

"그의 자식들은 일어나 감사하며 그의 남편은 칭찬하기를"(잠 31:28). 어머니 시온은 곧 공개적으로 영광을 받게 될 것이다. 그녀의 자식들은 땅끝에서부터 모여서 그녀를 높이고 송축할 것이다. 한 가정의 어머니를 가장 귀하게 여기고, 자녀들로 하여금 어머니에게 순종하고 경의를 표하게 하는 것은 이스라엘의 관습이었다. 이 관습은 기독교 안에서 계승되었고, 그리스도를 섬기는 나라에서 가장 잘 실행되었다.

자연적인 것은 영적인 것의 표본이다. 하늘나라에서도, 여왕인 어머니 시온이 왕 다음으로 가장 높은 존귀와 영광을 받아야 한다. 여왕 무리에 속하는 높은 부르심에 도달한 성도는 그리스도와 함께하는 공동 상속자, 공동 통치자, 공동 창조자가 되어 그분의 영원한 영광에 참여하게 될 것이다. 그들의 영적 자녀가 먼저 그들을 칭송할 것이며, 그들의 신성한 남편은 이렇게 그들을 칭찬할 것이다. "덕행 있는 여자가 많으나 그대는 모든 여자보다 뛰어나다"(잠 31:29).

타고난 재능이나 능력은 여왕으로 간택되는 데 아무런 역할을 하지 못한다. 하나님께서 위에서 부른 부르심에 합당한 자격을 갖추는 것은 오직 은혜로만 가능한 일이다. 많은 사람이 열망하지만, 하나님께서 뜻하시고 또 그분께 완전히 성별되지 않고서는 아무도 그 부르심에 이를 수 없다.

여왕은 그분을 위해 자기 아버지의 집, 이전 가족, 자신의 방식과 열망 등 모든 것을 버리고 떠난다. "그는 네 주인이시니 너는 그를 경배할지어다"(시 45:11). 이러한 경배가 그녀의 심령에 있는 동기를 소멸한다. 그녀는 빼앗기지 않을 좋은 편을 택한 마리아다. 최고의 열매와 포도주로 왕을 모시려고 서둘러 나아갔던 아비가일이다. 또한 소중했던 육신의 관계를 잊고 기꺼이 먼 땅으로 떠났던 리브가이다. 이 여인들은 어떤 면에서 주님께서 그리신 성경의 청사진을 따랐다. 여왕의 초상을 만든 원작자는 주님이시며, 그 그림에 들어맞는 사람은 누구나 그분께서 친히 여왕의 자리로 올려 주실 것이다.

누구보다 이 그림에 가장 완벽하고 완전하게 들어맞는 사람은 바로 다윗 가문의 보잘것없는 여왕(마리아)이다. 그녀의 겸손과 정결함과 순수함과 온전한 성별됨은 여왕이 되기 위해 훈련받는 모든 사람에게 본이 된다. 그녀의 자녀들이 모든 세대에서 일어나 그녀를 송축했다. 그리고 그녀의 남편은 말씀이 계시되는 모든 곳에서 그녀가 칭송받게 하셨다.

누가복음에 나타난 그녀의 그림을 자세히 연구해 보면, 아버지께서 우리 각 사람에게 바라시는 바를 이해하게 된다. 그분은 아무 생각 없이, 또는 그저 우연히 마리아를 선택하신 것이 아니다. 가브리엘의 인사말은 한낱 의례적인 치하가 아니었다. 우리는 가브리엘이 한 말을 통해 마리아가 크게 은혜를 입고 하나님께 합당한 사람이었음을 짐작할 수 있다.

천국의 자격 요건은 매우 까다로우며, 여왕의 자격 요건은 더욱 그러하다. 예수 그리스도를 통하여 우리도 하나님께 큰 은총을 입게 되었다. 그러나 마리아처럼 자신을 양보하고, 평생 성별의 삶을 살아갈 때 비로소 하나님 앞에 합당하게 되는 것이다. 다음과 같은 기념비적인 말을 되새겨 볼 때, 그녀의 결단은 우리 안에 큰 반향을 일으킨다. "주의 여종이오니 말씀대로 내게 이루어지이다"(눅 1:38).

여왕의 초상을 바라보고, 찬찬히 뜯어보고, 곰곰이 생각하면서, 우리는 그 정교한 아름다움에 놀라고, 그 찬란한 광채에 빠져들게 된다. 그녀는 안팎으로 모두 영광스럽다. 그러나 결국 우리가 본 것은 닮게 그린 그림일 뿐이다. 여왕의 대관식 날에 우리는 얼마나 완벽한 기쁨을 누릴 것인가! 그날에 그들은 기쁨과 즐거움으로 인도함을 받고 왕궁에 들어갈 것이다(시 45:15). 그 선택된 사람들 가운데 우리도 속하기를 비란다. 그날에는 하늘과 땅 모두를 공정과 사랑으로 다스리시는 시온의 왕과 여왕을 보며 온 열방이 기뻐할 것이다. 그리하여 잠언 31장의 마지막 절이 성취될 것이다. "그 손의 열매가 그에게로 돌아갈 것이요 그 행한 일로 말미암아 성문에서 칭찬을 받으리라"(잠 31:31).

〈 여왕 신부 〉

이리 오라 내가 신부 곧 어린 양의 아내를 네게 보이리라 (계 21:9)

위대한 나의 자랑인
어린 양의 신부를 보라!
아들을 위해 그녀를 지으신
지극히 높고 거룩하신 분의 은혜를
찬양하고 높일지어다

반짝이는 흰옷을 입은
빛의 처녀를 보라!
신랑이 그녀를 데려가
거룩한 신부로 삼고
옆 보좌에 앉힐 때
혼인의 날을 외치라

그녀가 받은 은총과 명성과
여왕의 규와 관을 보라!
선지자가 오래 예언하기를,
그녀는 오빌의 금으로 옷 입고

왕의 오른쪽에

시온의 여왕으로 서리라

택함 받고 기름부음 받은

아들들의 어머니를 보라!

그들은 왕가에서 태어나

왕으로서 이 땅을 다스리리라

와서 거룩한 사랑으로 그녀를 경애하라!

이 여왕 신부, 위에서 온 어머니를

— 프란시스 메트컬프

Chapter 3
단장한 신부

프란시스 메트컬프

이리 오라 내가 신부 곧 어린 양의 아내를 네게 보이리라 … 그 준비한 것이 신부가 남편을 위하여 단장한 것 같더라 (계 21:9, 2)

〈 그녀는 누구일까? 〉

누구일까, 이 땅에 숨어 버린

나의 어여쁜 신부는?

어디에 있을까, 나의 기쁨이자 자랑

비할 바 없이 소중한 보석은?

품위 있고, 순결하고, 아름다운 그녀

흰옷을 입고

먼 곳에서 빛나는 밝은 별과 같이

맑고 찬란한 빛을 지녔네

복되도다, 지극히 복되도다

나의 여왕, 나의 거룩한 신부

복되도다, 지극히 복되도다

곧 내 곁에 나타나리

누구일까, 어둔 밤 빛나는

달처럼 아리따운 그녀는?

태양의 영광으로 옷 입고

곧 일어나 올 그녀는?

나의 신부, 나의 진주, 나의 단 한 사람

나의 귀한 피로 사서

내 찔린 옆구리 곁에 영원히 거하게 했네

하나님의 영원한 여왕

복되도다, 지극히 복되도다

나의 여왕, 나의 거룩한 신부

복되도다, 지극히 복되도다
곧 내 곁에 나타나리

　바울 서신과 아가서와 시편 45편에 나타난 그리스도의 신비한 신부는 하나님께 부름 받고 선택된 신실한 영혼들로 이루어진 몸이 분명하다. 성령께서는 신랑 되신 하나님 아도나이의 영혼들을 향한 사랑을 나타내는 아름다운 상징으로 혼인 예식을 사용하시며, 여기에는 구애, 연애, 약혼, 첫날밤까지 모두 포함된다. 구약에서는 하나님의 사랑 이야기가 시온으로 향했지만, 신약에서는 그리스도의 신부가 바로 하나님께서 심령으로 택한 여인이 되었다.

　성령께서는 성경의 진리를 신부 무리의 일원들에게 개인적으로 적용하신다. 속량된 모든 영혼은 다양하고도 신비한 방법으로 노예 상태에서 제자 신분으로, 제자 신분에서 우정으로, 우정에서 자녀 신분으로, 자녀 신분에서 마침내 하나님과 완벽하게 연합하는 신부의 지위로 인도된다. 이러한 진리에 비추어 보면, 하나님과 짝을 이룰 때 모든 영혼은 여성적인 위치가 되는 듯하다. 그분 앞에서 그들은 소극적이며 수동적인 반면, 하나님께서는 영원히 적극적이고 능동적이시다.

　자연계에서 달은 해와의 관계에서는 여성적인 것 같지만, 지구와의 관계에서는 계절과 조류에 영향을 주는 남성적인 위치이다. 이처럼 그리스도의 신부도 세상에 대해서는 의의 태양빛을 반사하는 영적인 달로 일컬어지곤 한다.

　"보라 신랑이로다 맞으러 나오라"(마 25:6)는 외침은 수세기 동안 성도들의 심령에 울리고 또 울려 퍼졌다. 그러나 지난 몇 년처럼 이토록 끈질기게 메아리친 적은 없었다. 각지의 수많은 심령들이 머지않아 다시 "어린 양의 혼인 기약이 이르렀다!"(계 19:7)라는 외침이 나팔 소리와 함께 울려 퍼질 것을 믿고 기다리고 있다. 예비하고 준비함으로 문이 닫히기 전에 신랑과 함께 안으로 들어가는 자들은 복이 있으리라.

〈 신부를 데려오라 〉

흰옷을 입은
준비된 신부를 데려오라
반짝이는 보석으로 눈부시게 빛나는
단장한 시녀를 데려오라
내리는 눈처럼 깨끗한
순결한 처녀를 데려오라
그녀는 오직 나의 것이 되어
내 심령의 큰 사랑을 알게 되리라

달콤한 향유 내음이 나는
어여쁜 시녀를 데려오라
부드럽고 온유한 심령을 가진
비둘기 같은 자를 데려오라
내가 가진 가장 진귀한 것
고귀한 보석으로 그녀를 관 씌우고

그녀는 택함 받은 여왕이 되어
나의 왕좌를 함께하리라

패물을 채우고 팔고리를 손목에 끼우고 목걸이를 목에 걸고 코고리를 코에 달고 귀고리를 귀에 달고 화려한 왕관을 머리에 씌웠나니 이와 같이 네가 금, 은으로 장식하고 가는 베와 모시와 수놓은 것을 입으며 또 고운 밀가루와 꿀과 기름을 먹음으로 극히 곱고 형통하여 왕후의 지위에 올랐느니라 네 화려함으로 말미암아 네 명성이 이방인 중에 퍼졌음은 내가 네게 입힌 영화로 네 화려함이 온전함이라 나 주 여호와의 말이니라 (겔 16:11-14)

단장한 신부

처녀가 어찌 그의 패물(ornaments)을 잊겠느냐 신부가 어찌 그의 예복을 잊겠느냐 (렘 2:32)

시편 45편은 여왕 신부의 찬란한 의복을 생생하게 그린다. "왕의 딸은 궁중에서 모든 영화를 누리니 그의 옷은 금으로 수놓았도다 수놓은 옷을 입은 그는 왕께로 인도함을 받으며"(시 45:13-14). 계시록에서도 신부의 의복을 묘사한다. "어린 양의 혼인 기약이 이르렀고 그의 아내가 자신을 준비하였으므로 그에게 빛나고 깨끗한 세마포 옷을 입도록 허락

하셨으니"(계 19:7-8).

신부는 아름다운 의복과 더불어 고귀한 보석, 즉 왕 앞에서 그녀의 아름다움을 한층 더해 줄 아름다운 장신구로 단장해야 한다. 엘리에셀이 이삭을 위해 리브가를 단장시키고, 내시가 아하수에로 왕을 위하여 에스더를 단장시켰듯이, 성령께서는 그리스도의 신부로 부름 받은 사람들을 단장시키신다. 장신구(ornament)란 '꾸미거나 아름답게 하기 위해 장식하고 강화하기 위해 덧붙이는 것'을 말한다.

여왕 신부는 왕의 사랑과 은총을 얻고 그에게 기쁨을 주기를 간절히 원하고 있다. 이제 그녀는 세간의 눈을 피해 방에 몸을 숨기고, 가까운 몇 사람의 도움을 받아 마지막 준비를 하고 있다. 목욕하고, 기름을 바르고, 옷을 입고, 장식을 하며, 거룩한 혼인을 위해 만반의 준비를 하는 이 신부는 얼마나 복된가!

겸손

간택된 신부에게 어울리는 아름다운 장신구 중에서 가장 값진 것은 바로 겸손(humility)이다. 이보다 더 왕을 기쁘게 하는 것은 없다. 베드로는 우리에게 다음과 같이 당부했다. "(너희의 단장은) 마음에 숨은 사람을 온유하고 안정한 심령의 썩지 아니할 것으로 하라 이는 하나님 앞에 값진 것이니라"(벧전 3:4).

여기서 온유함이란 심령과 마음과 뜻의 겸손함을 말하며, 성숙한 성도 중에서도 이러한 품위를 갖춘 경우가 많지 않다. 이는 외관상 온유한 행동과는 무관하다. 겸손은 심령과 마음의 지속적인 태도이며, 무의식중에 모든 생각과 말과 행동에 반영된다. 겸손의 미덕으로 장식한 사람은 극소수이다. 부르심이 높을수록, 겸손하게 행하기가 더욱 어려워진다. 영적인 성과와 은사가 커질수록, 기고만장하고 거만하게 될 유혹도 더욱 커진다.

겸손이라는 장신구는 절대 자신의 노력으로 만들 수 없다. 반드시 성령께서 친히 고통스럽고 끈질긴 작업을 통해 만드셔야 한다. 사도 바울이 육체의 가시를 받은 것도 이런 이유였다. 모든 성도 중에 지극히 작은 자로 남기를 꾸준히 바랐음에도, 그는 너무나 큰 성과와 계시를 이루었다. 그래서 하나님 아버지께서는 그가 지나치게 높아지지 않기 위해 육체의 가시가 필요하다고 여기셨다. 그리스도의 신부도 앞으로의 여정에서 가시와 찔레를 많이 만나게 될 것이다. 그러나 그러한 수치와 곡절을 겪으며, 그녀는 하나님과 사람 앞에서 온유하고 겸손해지는 법을 배운다.

하늘의 계시와 체험을 더 많이 얻고, 신성한 비밀을 더 많이 듣고, 신성한 은총을 더 많이 보며, 부르심과 택정이 더 많이 구현되고 분명해질수록, 신부가 빠질 수 있는 교만의 위험 또한 더 커지게 된다. 완벽한 겸손이라는 아름다운 품위는 단지 장신구일 뿐 아니라 적에게 맞서는 방패이기도 하다.

그리스도의 신부라면 매일 매시간 겸손을 추구하라. 온유하게 걷고 말하며, 이러한 심령의 태도를 계속해서 실천하라. 하나님의 은혜 없이는 완전히 실패하고 무력한 존재임을 인식하고, 그분의 임재 안에서 철저하게 자신을 낮추라. 그분의 은혜에 전적으로 의지하기를 배우라. 자기 자랑은 완전히 추방되어야 한다!

참된 신부는 마리아의 심령을 가졌다. 신부는 우리 주님의 동정녀 어머니이신 마리아의 송가를 함께 부르며 기뻐한다. "그의 여종의 비천함을 돌보셨음이라 … 능하신 이가 큰 일을 내게 행하셨으니"(눅 1:48-49). 신부는 마리아에게서 하나님과 맺은 아름다운 관계의 본을 발견하고, 이 작은 여종의 겸손에 주목한다. 천사의 방문을 받아 모든 인류보다 존귀하게 되고 모든 여인보다 은총을 입었을 때에도 그녀는 이렇게 외쳤다. "주의 여종이오니 말씀대로 내게 이루어지이다." 그녀에게는 받은 은총에 대한 어떠한 자랑이나 과시도 없었다. 교만을 낮추고 겸손을 높인 이 여인에게는 오직 찬송만 있을 뿐이었다. "겸손은 존귀의 길잡이니라"(잠 18:12).

참된 신부는 자신도 마리아처럼 하나님께 은총을 받았음을 깨닫고 놀라움을 금치 못한다. 그녀는 영원한 여종이자 사랑의 노예로서 그분의 사랑스러운 손에 스스로를 무조건 맡겨 드린다. 왕의 오른편에 설 여왕은 죽는 날까지 그분의 신실한 종이 되어 자신을 비우고 낮추며 그분의 본을 따를 것이다. 이는 종이 여왕이 된 것이라기보다는, 여왕이 종이 되어 하나님의 심령에 기쁨을 드리는 것이다.

사랑받는 신부는 그 무엇보다도 교만과 자만을 두려워한다. 이것 때문에 많은 사람이 하나님의 부르심에서 추락했다. 겸손으로 장식하지 않고서는 절대 왕 앞에 서지 말라. 그분께서 겸손으로 장식한 당신을 얼마나 갈망하시는지! 당신이 그분의 눈에 얼마나 아름답게 보이겠는가!

명철

왕의 보석 가운데 신부의 심령을 위해 섬세한 기술로 세공된 아름다운 장신구가 또 하나 있다. 그것은 바로 명철(understanding)이다. 명철한 자는 그 명철이 생명의 샘이 되며(잠 16:22), 또한 하나님의 심령에 가장 큰 위로를 준다. 우리가 사랑하는 그분은 명철한 심령을 가진 자의 사랑을 갈망하고 갈구하신다. 그분은 가장 깊은 감정과 애정을 공유하며, 그분의 모든 열망과 목적에 공감할 수 있는 신부를 원하신다.

주님께서 이 땅에 계실 때, 그분께 그런 위안을 준 사람은 극소수에 불과했다. 그리고 고난과 죽음의 어두운 때가 다가왔을 때, 그분과 함께 피 흘리는 심령을 가졌던 사람은 단 한 명, 마리아뿐이었다. 그녀는 주님의 장례를 위해 옥합을 깨고 값비싼 향유를 그분께 쏟아 부었다. 그녀가 드린 헌물은 매우 특이했다. 그런데 주님께서는 그것을 높이 보시고, 어디든지 복음이 전파되는 곳에서는 이 행동도 선포되리라고 하시며 영원히 기리도록 하셨다.

마리아의 이러한 명철은 예수님의 발치에 앉아 있을 때 전이된 것이다. 그녀는 결코 빼앗기지 않을 더 좋은 것을 택함으로써, 시대를 초월하여 선택된 신부들의 모범이 되었다. 오늘날에도 동일한 선택을 하고, "네가 얻은 모든 것을 가지고 명철을 얻을지니라"(잠 4:7)라는 훈계를 기억하는 신부는 참으로 지혜롭다.

한 번은 교제 중에 주님께서 매우 슬퍼하시며 내 심령 깊은 곳을 자극하는 말씀을 하셨다. 최대한 정확히 기억해 보자면 다음과 같은 말씀이었다. "나는 내 백성들이 나를 이해하기를(understand) 애타게 바란다. 그러나 그들은 태초부터 나를 오해하고, 나의 길을 오해했다. 그들은 내게 가까이 오기를 두려워하고, 그저 멀리서 뒤따라오려고만 한다. 그들은 내 사랑을 충만히 마시기를 두려워하고, 그 사랑이 자기를 삼켜 버릴까 봐 겁낸다. 내 백성 이스라엘은 결코 나의 목적을 이해하지 못했다. 나는 그들을 축복하고 번성케 하고, 그들에게 은혜와 도움을 베풀기를 너무나 원했지만, 그들은 나의 자비를 의심하며 나의 계획보다 자기의 계획을 추구했다. 내 심령은 수세기 동안 나를 이해할 사람들을 찾아 울부짖었다."

오해받고 곡해되는 것은 너무나 모진 고통이다. 그래서 우리 모두는 본능적으로 심령 가장 깊은 곳의 갈망을 따라 나를 사랑하고 이해하는 친구를 찾는다. 그런데 우리가 주님에 대해 냉담하고 무관심하고 제대로 이해하지 못할 때, 그분께서 느끼실 슬픔을 헤아려 본 적이 있는가?

명철이라는 아름다운 장신구는 성숙하고 다듬어진 성품을 나타내는 증표다. 남들은 이상하게 여길지라도 주님의 길을 이해하며, 그분과 심령으로 연합된 신부 성도(the bride-saint)는 하나님의 마음에 너무나 소중한 존재이다.

감사

감사보다 더 그리스도의 신부에게 어울리는 장신구는 없다. 감사하고 고마워하는 마음은 모든 영혼의 아름다움을 향상시킨다. 감사를 모르는 심령을 가진 것은 크게 통탄할 일이고, 감사가 없다면 모든 인간관계가 망가지고 만다. 반면 참된 감사와 고마움을 느낄 수 있다면, 사람들과의 유대는 더욱 강해진다. 성숙한 영혼은 감사할 줄 안다.

아기에게는 감사라는 가치관이 없다. 아기는 자기에게 사랑과 애정으로 주어진 것들을 전부 당연하게 받아들인다. 그는 어머니의 고생과 희생에도, 아버지가 물려 주신 유산에도 감사할 줄 모른다. 그는 계속 요구만 하는 삶을 산다. 어릴 때는 거의 이런 태도를 지속한다. 그러다가 고난과 책임을 감당하며 성숙해지면, 비로소 부모에게 진 빚을 깨닫기 시작한다.

이런 점에서 자연적인 삶과 영적인 삶은 매우 유사하다. 그리스도 안에서 어린아이들도 주님의 크신 희생적 속죄와 자신이 받게 될 놀랍도록 큰 성도의 유업에 감사할 줄 모른다. 그들은 감사와 찬양을 드리기보다는, 주님께 요구하고 간청하는 일이 훨씬 더 많다. 그러나 하나님을 아는 지식 안에서 자라가다 보면, 자신이 누리고 있는 자비에 대해 점점 더 감사하게 된다.

신랑 되신 그리스도와의 신성한 연합으로 들어온 사람들은 그 관계 안에서 감사가 늘 커지게 된다. 성장한 신부는 어떤 환경에서든 오직 하나님의 선하심만을 본다. 그녀는 모든 것이 합력하여 선을 이룰 것이라는 확신으로 가득 차 있다. 그렇다. 어떤 역경이 닥치든지 그녀에게는 찬양과 감사가 넘친다. 덜 성숙한 영혼들은 가볍게 무시할 만한 은사와 축복에도 신부는 깊이 감동하며 감사의 눈물을 흘린다. 이처럼 넘치는 감사로 장식한 영혼을 하나님께서 얼마나 아름답게 여기실까! 하나님의 선하심과 인자하심은 아무리 감사와 고마움을 표현해도 지나치지 않다.

분별력

가치를 헤아릴 수 없는 매력적인 장신구가 또 하나 있는데, 바로 분별력(discretion, 근신)이다. 이 또한 찾아보기 쉽지 않은 미덕이다. 하나님의 말씀은 그리스도의 신부에게 "근신이 너를 지킬 것"이라고 권면한다(잠 2:11). 또한 잠언 마지막 장에서도 분별 있는 여인의 모습을 볼 수 있는데, 그녀는 입을 열어 지혜를 베풀며 그런 자의 남편의 마음은 그를 믿는다.

분별 있는 것(discreet)은 '행동, 특히 말에서 분별력 또는 좋은 판단력을 가지거나 나타내는 것'이다. 우리 주님의 어머니인 마리아는 바로 이러한 경건한 덕목의 모범을 보였다. 그녀는 이 모든 것들(하나님의 비밀들)을 숨기고, 마음에 새기며 생각했다. 그녀는 천사의 방문에 대해 아무에게도, 심지어 약혼자 요셉에게도 말하지 않았다. 그녀는 하나님이 맡겨주신 비밀을 밝히기보다는, 비난받는 쪽을 택했다. 그녀는 주님께서 뜻을 따라 친히 계획을 나타내시기를 바라며 정해진 때를 기다렸다. 그녀가 보여준 신중함과 조심성은 거룩한 일을 쉽게 떠벌리는 사람들과 참으로 비교된다.

참된 신부는 "여호와의 친밀하심(secret, 비밀)이 그를 경외하는 자들에게 있음"(시 25:14)을 배운다. 그녀는 왕과 관계된 모든 말과 행동에서 성령님께 훈련받고 인도함을 받는다. 그녀는 하나님의 신성한 것들을 평범하게 만들지 않으며, 하나님께서 주신 은총의 많은 부분을 다른 사람들에게 숨긴다. 반면 성숙하지 않은 자들은 자신의 충동을 따르며, 말과 행동 모두에서 거리낌이 없다. 이로 인해 그들은 불필요한 혼란을 가져오고, 결국 주님께서 비방 받으시게 한다. 사랑받는 신부여, 분별이라는 장신구 없이는 그대의 패물이 결코 완벽해질 수 없음을 기억하라.

안정성

안정성(stability)은 결코 감출 수 없는 장신구이다. 이는 하나님과 사람 모두에게 좋은 인상을 주는 흠모할 만한 미덕이다. 견실하고 안정되고 입증된 성도의 균형 잡힌 행보는 얼마나 우리를 위로하고 북돋으며 고양시켜 주는가? 준비된 신부는 어떤 환경과 조건에서도 굳건하고 요동하지 않는 수준에서 살아간다. 영적으로 승진하고 옮겨질 때에도 그녀는 들뜨거나 거만해지지 않는다. 지나친 열광이나 우쭐함에 쉽게 빠지지 않고, 잠잠하고 경건하게 거룩한 은총과 계시를 받는다. 그녀는 이 모든 것을 기뻐하지만, 원수에 의해 갑자기 넘어지거나 쓰러지지 않도록 늘 조심한다.

한편 고난과 고통과 손실과 황폐함이 눈에 보일 때에도, 그녀는 여전히 요동하지 않는다. 그녀는 자기가 믿는 분을 알고 있으며, 어떤 상황에서든 믿음과 안식과 확신을 가지고 하나님 안에 거한다. 영예를 얻든지 불명예를 얻든지, 박해를 받든지 은혜를 입든지, 부요하게 되든지 가난하게 되든지, 그녀는 신중하고 침착하게 믿음과 성별됨을 유지한다. 고지에 있든지, 골짜기에 있든지 그녀는 언제나 집처럼 편안하다.

그렇다. 광야에 있을지라도 그녀는 사랑하는 분의 팔에 기댄다. 그녀는 감정이나 시각이나 기름부음이나 외적인 나타남을 초월하여 하나님을 인식하는 법을 배웠다. 이 간택된 여인은 하나님 안에서 영원토록 성숙하고 굳게 세워져 있다. 그녀에 대해서는 다음과 같이 말할 수 있다. "그리스도 안에서 그대의 믿음이 굳건하고 견실한 모습을 보니 기쁘도다"(골 2:5, 모팻 번역본). 이러한 복된 상태에 있을 때, 그녀는 왕의 마음에 합하여 큰 은총을 받게 된다.

영혼의 원수는 이 아름다운 은혜의 장신구를 빼앗고자 한다. 그러나 그녀는 베드로의 경고를 청종할 것이다. "그러므로 사랑하는 자들아 너희가 이것을 미리 알았은즉 무법한 자들의 미혹에 이끌려 너희가 굳센 데서 떨어질까 삼가라"(벧후 3:17).

열망

성령께서는 준비된 신부에게 사랑스러운 장신구를 하나 더 주신다.

그 이름은 바로 열망(eagerness)이다. 사랑하는 우리 주님의 열망은 그 누구보다 뛰어나다. 그분께서는 우리를 구원하고 축복하고 성령으로 충만케 하기를 열망하시고, 우리에게와 우리 안에 나타나기를 열망하시며, 우리를 그분과의 완전한 연합 안으로 끌어당기기를 열망하신다. 오, 그분만큼 열망하는 심령을 가진 사람들이 있을까!

우리는 지루해하고 열의 없고 무관심한 신부를 얻은 신랑이 얼마나 괴로울지 상상할 수 있다. 평범한 신부라면 발그레한 얼굴로 행복해하며 결혼식을 고대한다. 그녀는 쭈뼛대며 애매한 태도를 취하지 않고, 기뻐하고 즐거워하며 준비되어 있다!

그러나 많은 사람들이 주님께서 각 사람에게 신랑으로서 열렬한 사랑을 보여 주기를 갈망하신다는 것을 믿기 어려워한다. 그들은 성경에 계시된 그리스도와 신부의 관계를 일반적인 의미로는 믿지만, 자신의 것으로 붙잡지는 못한다. 또한 주님께서 자신을 사랑하셔서 구원하신 것은 믿지만, 연인이자 신랑으로서 친밀하게 연합하고자 갈망하신다는 것은 믿지 못한다.

성령께서는 신부가 오랜 잠에서 깨어 거룩한 연인을 받아들일 때까지 끈질기게 영혼의 구애를 하신다. 일단 그분을 받아들였다면, 신부는 신랑을 방치하거나 그에게 무관심해서는 안 된다. 예수님께서는 열성적이고, 열정적이며, 깨어 있는 신부를 원하신다. 그분께서는 신부가 열망을 보여 주고 표현하기를 원하시며, 그녀를 위해 예비된 영원한 기쁨을 고대하기를 원하신다.

주님께서는 신부에게서 기대하는 청년의 영을 발견하실 때 기뻐하신다. 때로는 모든 것을 제쳐 두고 그분을 찾으러 밤중에라도 달려 나가는 열렬한 갈망을 가졌다면, 그분께서는 매우 기뻐하시며 그녀를 더 가까이 끌어당기실 것이다.

지혜

지혜(wisdom)는 신부의 머리 위에 올리는 장신구로서, 면사포를 고정시키는 관이다. "그(지혜)가 아름다운 관을 네 머리에 두겠고"(잠 4:9). 이는 신부를 완성하는 영광으로서, 하나님을 대적하는 육신적인 마음이 그리스도의 마음에 완전히 복종되어 있는 머리 위에 씌워진다. 이런 마음 상태에서는 오직 주님만이 그녀의 전 존재를 다스리신다.

지혜는 이처럼 영화로운 면류관으로서, 최종적으로 혼인식을 위하여 준비된 여왕에게 걸맞은 장신구이다. 지혜로 말미암아 세상이 지어졌고, 하나님의 집도 지혜로 말미암아 건축된다. 지혜는 루비보다 귀하며, 흠모할 만한 다른 어떤 것도 지혜에는 비할 수 없다. 오 신부여, 기억하라. 지혜로 말미암아 왕들이 치리하며 방백들이 공의를 세운다(잠 8:15). 이 관을 머리에 쓰기 전까지, 당신은 결코 왕 중의 왕의 고귀한 배우자로서 적합하지 않을 것이다.

성령님께 이 은사를 받기를 갈망하고 추구하는 사람은 상대적으로 매우 적다. 그러나 이 상(賞)을 손에 넣은 그리스도의 신부는 하나님의 숨겨진 지식을 들여다볼 수 있다. 우주의 신비가 그녀에게 열리고, 만세의 생명이 그녀의 몫이 된다.

　왕의 택함 받은 신부여, 혼수를 완벽히 갖추라. 혼인 예복을 준비하라. 사랑스러운 보석으로 꾸며진 아름다운 장신구를 성령님께 받으라. 왕을 위해 준비하라. 머리부터 발끝까지, 안으로나 밖으로나 영광으로 덮여지라. 그분의 단장한 신부가 되라! 당신은 곧 왕 앞에 나타나서 그분의 심령을 사랑으로 황홀하게 만들 것이다. "그리하면 왕이 네 아름다움을 사모하실지라"(시 45:11).

〈 그리스도와 그분의 신부 〉

신랑은 모든 것이 흠모할 만하며

신부는 모든 것이 아름답네

신랑은 만인 중에 가장 높으시며

신부는 그 누구와도 비교할 수 없네

신랑은 상처 입은 옆구리로부터 신부를 얻었다네

그는 완전한 헌신으로 신부를 사랑하네

그리스도와 그분의 신부

영원토록 완벽하게 연합되어 살리

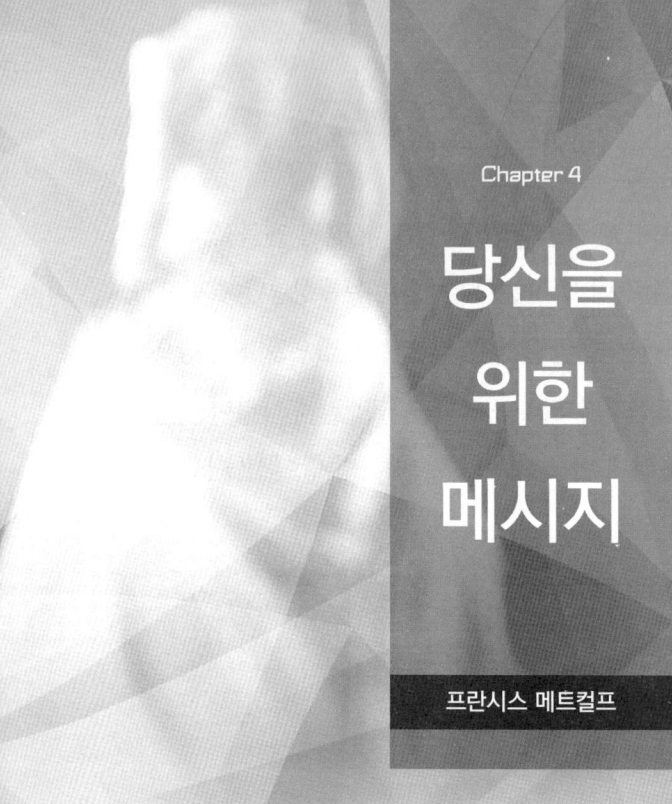

Chapter 4

당신을 위한 메시지

프란시스 메트컬프

　매우 개인적인 제목을 가진 이 장은 사랑하는 우리 주 예수님의 심령에서 난 것으로, 당신을 향한 개인적인 메시지임이 분명하다. 나는 4년 전 유월절-부활절 직전에 성령님의 도움으로 이 글을 썼다. 이 모든 것은 전혀 예상치 못했던 예수님의 '나타나심'으로부터 시작되었다.
　나는 며칠 동안 그분을 기다리며, 그분의 발치에 그야말로 납작 엎

드려 있었다. 당시 나와 내 가까운 동역자들은 몇 주, 심지어 몇 달간 강도 높은 시험과 고난을 통과하던 중이었다. 우리 모두는 영감이 결여된 채 텅 비고 메말라 있었다. 그럼에도 불구하고 우리는 주님을 기다리고 경배하며 개인적인 은둔(retreat)의 시간에 전념하고 있었다. 그때 홀연히 사랑하는 그분께서 가까이 다가오셨고, 깜짝 놀랄 말씀을 해 주셨다!

그리고 예수님께서 우리의 심령에 주신 메시지를 가지고, 성령께서 몇 주간 계속 확대하고 적용하셨다. 그 메시지는 가장 복된 방식으로 우리 각 사람에게 역사하였다. 이제 그분의 인도하심을 따라 당신과도 그 내용을 나누게 되어 매우 기쁘다.

1966년 유월절-부활절에

프란시스 메트컬프

이곳 산에서 보낸 지난 겨울은 몹시 혹독하였다. 어떤 때는 몇 주간 얼음과 눈에 거의 매장되어 있었다. 거센 바람이 끊이지 않았고, 가끔은 강도가 허리케인에 맞먹었다. 그러나 그 모든 것도 성령의 다루심보다 더 혹독하고 격렬하지는 않았다! 우리를 에워싼 성령의 소용돌이와 태풍이 얼마나 맹렬하였는지! 그러다 마침내 시험의 때가 완전히 지나갔다. 아니, 최소한 소강상태에는 접어든 듯했다. 공기 중에 봄의 숨결이 있었고, 뿌리에서 새순이 돋아나기 시작했다.

며칠간 주님을 기다리며, 다음에는 무엇이 올지 두려워하고 있었다. 나는 그분께서 자녀로 받아들이신 각 사람을 신실하게 훈계하시고 체벌

하신다는 것을, 그리하여 우리를 자녀로서 다루셨다는 것을 알고 있었다. 주님의 은혜로 나는 그분의 교정과 훈육, 심지어 매질까지도 받아들이고 견디고자 하였다. 그러나 나의 자아는 쓰러질 것 같았고, 절대 감당해 내지 못할 것만 같았다.

그래서 나는 말씀 위에 서서 믿음으로 주님께 감사를 드렸다. "무릇 징계가 당시에는 즐거워 보이지 않고 슬퍼 보이나 후에 그로 말미암아 연단 받은 자들은 의와 평강의 열매를 맺느니라"(히 12:11).

그런데 감사를 드리고 있던 그때, 놀랍게도 주님께서 가까이 오셨다!(눅 24:15) 나는 그분께서 큰 애정과 관심을 가지고 백합 정원에서처럼 우리 가운데 거니시는 것을 보았다. 그분의 백합인 우리는 줄기가 부러지고 꽃송이는 떨어진 채 모두 폐허 상태였다.

격렬한 폭풍이 우리의 정원을 강타하여 휩쓸고 지나간 듯했다! 주님께서는 작은 새싹 하나라도 망가뜨리지 않으시려는 듯 매우 조심스럽게 거니셨다. 그리고 스스로에게 말씀하시는 듯 "파괴가 많았던 고로"라고 속삭이셨다. 그리고는 몸을 굽혀, 줄기를 세우시고 먼지를 털어내며 자갈을 치우기 시작하셨다. 그러면서 이렇게 말씀하셨다. "나는 너의 머리를 들어 올리는 자이다"(시 3:3).

주님께서는 다른 말씀은 없으셨지만, 성령님을 통해 나에게 생각을 전달하셨다. 비록 어떤 말로도 내 심령에 밝혀졌던 그 색채와 의미를 담아낼 수는 없겠지만, 어쨌거나 나는 성령께서 주신 메시지를 전하려고 노력할 것이다. 그분께서는 하나님을 아는 것, 다시 말해 현재와 과거와 영원토록 그분께서 누구이시고 어떤 존재이신지를 아는 것이 곧 모든 지식과 지혜의 완벽한 전형임을 떠올려 주셨다.

사도 바울은 "내가 그분을 알고자 한다!"라고 부르짖었고, 모든 성도들이 같은 외침을 반복하고 있다. 이것이 첫째이며, 동시에 위대한 본질이다. 그리고 둘째는 "너 자신을 알라!"이다. 모든 세대에 걸쳐 인간의 심령에는 "나는 누구인가, 나는 무엇인가, 나는 어디에서 와서, 어디로 가고 있는가?"라는 기본적인 외침이 자리하고 있다.

성령님의 친절한 가르침 덕에 하나님을 아는 우리의 지식은 해가 갈수록 꾸준히 증가해 왔다. 많은 사람들이 그분의 나타나심과 옮기심과 계시를 경험했다. 하나님께서는 그분의 거룩한 이름과 그 심오한 의미, 그리고 그분의 본질적인 존재와 영광을 우리에게 드러내셨다. 우리는 때로 그분의 거룩하심과 지혜와 권능에 압도되었다.

특히 작년 가을, 성령께서 우리에게 몇 주 동안 큰 영광 가운데 주님을 드러내신 적이 있었다. 그때 주님께서 우리 가운데 나타나셨다. 그분께 가까이 가면 늘 그러하듯이, 주님께서 커지실 때 우리는 작아진다. 그분은 흥하시고 우리는 쇠하여진다! 우리의 자아와 본성은 점차 비참하고 혐오스럽게 보인다. 그분의 불타는 태양열이 우리를 말려 버린다. 강한 비와 우박이 쏟아져 우리를 쓰러뜨리고, 눈은 점점 쌓이고 얼음이 되어 우리를 파묻어 버린다!

이제, 주님께서 부활의 생명과 사랑으로 홀연히 우리의 정원에 나타나셔서 사랑으로 우리를 들어 올리시고, 지지하시며, 아름다운 개화와 향기의 때를 위해 준비시키신다. 모두 그분의 영화로운 이름을 찬양하라!

주님의 방문은 너무나 생생하고 실제적이었기 때문에, 나는 몇 시간 동안 그것을 계속 묵상하였다. 성령께서는 내게 금촛대 중보자 모임의 지체 한 사람 한 사람을 보여 주시며, 그들의 머리와 심령을 들어 올리시려는 애정 어린 관심을 부드럽게 나타내셨다. 그때 그분의 사랑이 내 심령과 마음을 통과하여 주님의 귀한 몸 가운데 참담한 일을 겪어 낙심하고 상처 입고 깨어진 지체들에게로 흘러들어 갔다. 그리고 다음 날 주님께서는 나에게 받은 감동을 기록하라고 하셨고, 나는 이 특별한 메시지를 담은 글을 며칠 동안 발전시켰다.

주님께서는 우리가 이따금 스스로를 얼마나 가치 없고 쓸모없고 메마르게 느끼는지 정확하게 알고 계신다. 자신이 얼마나 하찮게 느껴지는가? 얼마나 무익한 종으로 느껴지는가? 얼마나 미성숙한 자로 느껴지는가? 아이를 낳지 못하는 여인처럼 느껴지지는 않는가? 주님께서는 이처럼 부르심이 흐릿해지고 굴욕당하는 상태에서, 우리가 스스로의 정체성과 부르심에 대한 감각을 얼마나 쉽게 잃어버릴 수 있는지 아신다.

그렇다. 우리는 그분의 가치를 안다! 그렇다. 우리는 그분의 교회와 신부와 자녀의 가치에 대한 말씀과 성령의 가르침을 전적으로 믿고 받아들인다. 그러나 이러한 의식과 우리 자신을 분리하면 할수록, 우리가 개인적으로 주님께 어떤 가치를 가지는지에 대한 필수적인 감각도 잃게 된다. 우리는 경멸 받을 연약함과 실패를 통해 매일 우리의 옛 본성에 대해 고통스럽게 배우고 있다. 이는 참으로 자기 인식의 부정적인 측면이다.

그러나 긍정적인 측면도 있다. 그리스도 예수 안에서 우리는 새로운 피조물이며, 그분께서 보시는 우리의 가치, 바람직함, 아름다움은 말로다 할 수 없다. 그러나 주님께서는 그분만의 고귀한 방식으로 우리에게 말씀해 주시기 위해 친히 일어나셨다!

예수님의 말씀을 다른 사람에게만 적용하지 말고, 당신 자신에게 직접 적용하라. 이 점은 아무리 강조해도 지나치지 않다. 주님께서는 마치 그분께 직접 들은 것처럼, 당신이 말씀을 매우 개인적이고 친밀하게 받아들이기를 원하신다. 자신을 지나치게 과소평가하는 것은 거짓되고 위선적인 겸손이다. 물론 영적으로나 자연적으로나 교만을 깨뜨리는 것은 좋은 일이다. 어떤 식으로든 자만하느니, 차라리 영원히 땅 속에 묻혀 있는 것이 낫다!

그러나 그리스도 안에는 그분께서 새로운 창조 가운데 우리를 위해 (집단적으로는 물론이거니와) 개인적으로 예비해 놓으신 것들을 일어나서 수용하고 받아들일 수 있게 하는 은혜가 분명히 있다. 그리고 지금 그분께서는 우리가 그저 이렇게 하기를 원하신다. 앞으로 나눌 말씀을 하나하나 읽고 묵상하고 기도한 후, 주님을 기다리며 성령께서 더 비춰 주시고 확증해 주시기를 구하라.

당신은 선택받은 자다

하나님께서는 당신을 개인적으로 그리고 개별적으로 친히 선택하셨다. "너희가 나를 택한 것이 아니요 내가 너희를 택하여 세웠나니"(요 15:16). 예수님께서 제자들의 의심과 죄와 잘못과 결점에도 불구하고 그들한 사람 한 사람에게 이 말씀을 하셨듯이 당신에게도 같은 말씀을 하신다. 당신이 그분을 찾은 것이 아니라 그분께서 당신을 찾으셨으며, 이는 우연이 아니다! 온 우주를 창조하고 다스리시는 분께서 공들여 당신을 찾으시고 그분께로 데려오셨다. 온 땅의 무지한 수백만 영혼들 가운데서 당신을 뽑으셨다!

이제 경외심을 가지고 이렇게 말하라. "나는 하나님께 은총을 받고 선택받았다!" 기쁨으로 말하라! 믿음으로 말하라! 그리고 당신에게 향하신 주님의 놀라운 사랑과 갈망을 인식하고, 매일 심령과 고개를 들어 올려라.

한 작가가 이렇게 말했다. "당신의 모든 욕망과 분노와 시기와 질투와 나태함, 하찮음과 사소함과 치솟은 교만과 탐욕, 세속적인 인정과 영광을 향한 비밀스런 야망, 교활한 술수, 세상의 부와 안락을 향한 강력한 욕구를 생각해 보라. 당신은 때로 탐욕스런 식충이로 변할 수도 있고, 이 땅의 악취를 풍기고 있다. 그러나 주님께 당신은 특별하게 사랑스럽고 사모할 만한 자다." 당신은 그분께서 선택하신 자다!

우리는 스스로를 늙어 가는 몸을 이루는 화학 성분의 값처럼 가치 없는 존재로 느끼곤 한다. 어떤 재치 있는 과학자가 계산하기를 우리 몸이 비누 여섯 상자를 만들 석회, 3인치짜리 못 여섯 개를 만들 철, 성냥 스무 상자를 만들 인, 커피 열 잔을 달콤하게 만들 당, 장난감 대포를 겨우 터트릴 포타슘, 적당한 크기의 개 한 마리에게서 이를 쫓아낼 정도의 황으로 이루어져 있다고 하였다. 이 화학 성분들의 값은 87센트

정도일 것이다!

우리는 이 이야기를 듣고 웃으며 꽤 적절한 견적이라고 느꼈다. 물론 우리를 사랑하는 누군가는 우리가 그들에게 백만 불의 가치가 있다고 말할 것이다! 그러나 최근 들어 과학자들은 새로운 사실을 알게 되었다. 원자력 시대가 놀라운 비밀을 밝혀낸 것이다. 이 화학 성분들의 가치가 현재 상태에서는 그 정도밖에 안 되지만, 잠재적 가치, 즉 그 안에 저장된 원자력이 해제되면 십억 불이 넘는다고 한다! 그 돈이 어느 정도인지 감도 오지 않지만, 그저 주님께서 우리 각 사람에게 십억 불짜리 몸을 주셨다는 사실에 감탄할 뿐이다.

몸의 가치가 이 정도라면, 몸이라는 구조물을 입고 있는 영혼과 새로운 피조물의 가치는 어떠하겠는가? 이러한 과학적 서술을 처음 읽었을 때, 나는 즉시 놀라우신 주님께 영혼으로부터 찬양을 드렸다. 그리고 지금 성령께서 당신에게 그 내용을 말할 수 있도록 기억나게 하셨다. 자신을 87센트짜리로 여기며 방황하기를 그만두라! 하나님께서 당신의 몸에만 십억 불 이상을 투자하셨음을 기억하라. 매일 당신 몸의 단 하나의 신경 세포 안에서 수행되는 과정이 인간이 발명한 복합 기기와 전자 제품이 수행하는 모든 과정보다 더 복합적이고 복잡하다고 한다! 이 사실을 분명히 이해하고 기억하라. 당신은 놀랍고도 경이롭게 지어졌다!

당신은 살아 있고, 호흡하고, 걸어 다니며, 말하는 경이로운 존재이다! 그러니 벌레처럼 기어다니지 말고, 심령과 고개를 들고 창조자께 새로운 마음으로 경외의 찬양을 드리라!

당신은 산 포도나무의 가지다

고난 받으시기 전날, 예수님께서는 택하신 자들에게 마지막 사랑의 말을 전하셨다. "나는 포도나무요 너희는 가지라"(요 15:5). 그리고 그분은 당신에게도 분명히 말씀하신다. "너는 나의 가지다." 언뜻 생각하기에는 구불구불한 포도나무 가지에 비유되는 일이 그리 대수롭지 않게 보일 수 있다. 게다가 포도나무 가지는 엄격하게 가지치기가 되고, 어슷하게 세워진 장대에 휘감겨야 하며, 후에는 꽃가루가 가득 붙은 포도의 무게로 인해 아래로 구부러지곤 한다. 그러나 주님께서 "나는 포도나무다"라고 말씀하신 것을 생각하면, 이 비유는 매우 중요해진다.

주님은 지면을 열매로 채우실 산 포도나무시다. 구약에서 그분은 "내 종, 싹(the Branch)"이라고 불리셨다(슥 3:8). 그리고 지금 그분께서 당신을 "나의 종, 가지(a branch)"라고 부르고 계신다. 예수님께서 이 영광스러운 예언적 이름을 당신과 공유하신 것이다! 더욱이 당신은 하늘의 포도나무에서 자연적으로 자란 가지가 아니다. 당신은 잘려야 하는 가지였지만, 농부이신 아버지, 즉 위대하고 영원하신 하나님의 숙련되고 공들인 손길로 접붙여졌다! 아버지께서 당신을 야생 포도나무에서 잘라 내셔서 그분의 아들에게 접붙이신 것이다!

가지와 포도나무 사이에는 지극히 친밀하고 개인적인 관계가 존재한다. 그분의 생명이 시시각각으로 끊임없이 당신을 통해, 당신 안으로 흘러들어 오고 있다. 그렇지 않으면 당신은 시들고 죽어서 잘려 나가고 버려질 것이다.

당신은 참 포도나무의 가지이므로, 계속해서 열매를 맺지 않을 도리가 없다!(당신이 그분 안에 거하기를 고의적으로 거부하지만 않는다면 말이다) 그러니 이제는 열매 맺지 못하는 상태를 비참하게 여기고 비통해하기를 멈추어야 하지 않겠는가? 주님께서는 우리 모두를 마음속 철저한 불모와 손실의 자리에 이르게 하셨다. 그러나 하나님을 찬양하라! 그분께서는 그리스도 안에서 당신이 약간의 열매가 아닌 많은 열매를 맺도록 하셨고, 또한 그 열매가 항상 있게 하셨다.

열매가 보이지 않는가? 느껴지지 않는가? 자, 포도나무도 마찬가지이다. 나무가 느끼는 것이라고는 가지 칠 때 잘리는 느낌, 포도가 자라면서 생기는 꽃가루와 무게, 그로 인한 구부러짐뿐이다. 농부는 성령의 고귀한 열매를 찾으신다. 자연적인 인간은 이것을 식별할 수 없다. 아버지께서 말씀하셨다. "너는 나의 가지라." 그러므로 보장된 결실에 기뻐하고, 열매 없고 쓸모없는 듯한 기분은 벗어 버리라.

다음과 같은 가사의 옛 노래가 있다. "그저 가지일 뿐, 나는 가지일 뿐, 산 포도나무의 가지일 뿐이라네. 사랑이 그분의 심령에서부터 내게로 값없이 흘러들어 오네. 나는 그저 포도나무의 가지일 뿐이라네." 그렇다. 우리는 산 포도나무에 달려 결실이 보장된 가지다!

당신은 하나님의 밭이다

우리가 사랑하는 사도 바울은 '당신'에 대해 많은 말을 남겼다. 그리고 이는 새로운 사실이 아니다. 성령께서 모든 세대의 그리스도인에게 바울의 말을 적용하셨기 때문이다. 바울은 "너는 하나님의 밭(또는 정원)이요"라고 말한다(고전 3:9). "당신은 하나님의 정원이자 포도원이자 경작지이다"(확대역성경).

하나님은 농부이시다. 그분께서는 흙을 취하여 인간을 만드신 '좋은 땅'과 긴밀하게 연결된 농부시다. 더 큰 의미에서는 온 세상이 그분의 밭이다. 그러나 사탄이 잘못된 씨를 뿌림으로 대부분은 미개간지가 되었고, 이런 곳에서는 악을 수확하게 된다.

우리의 '고엘'(Goel, 히브리어로 속량자)이신 농부께서는 밭의 작은 땅덩이 하나하나를 다시 사셔서 세심하게 경작하신다. 당신은 하나의 작은 세상이자 개별적인 밭으로서, 그리스도의 보혈이라는 엄청난 값으로 속량되었다. 당신은 그분의 '에레츠 아담'(eretz ahdam, 히브리어로 붉은 대지)요, '테라 상타'(terra sancta, 라틴어로 거룩한 땅)이다.

하나님께서는 당신을 창조하셨을 뿐 아니라 속량하기도 하셨으므로, 당신은 그분께 갑절로 소중한 존재이다. "하나님이 세상(밭)을 이처럼 사랑하사"(요 3:16). 하나님께서는 그분의 세상이자 밭인 당신을 너무나 사랑하신다. 그분께서 얼마나 공들여 당신을 경작하셨는지 생각해 보라. 그분은 거듭해서 미개간지를 일구시고, 돌과 나뭇가지를 골라 내시며, 고랑을 깊이 파셨다. 시편 기자가 그랬듯이, 당신은 심령에 깊이 파인 고랑을 느꼈고, 당신이 심은 열매들이 갈아엎어지고 썩도록 방치된 것을 보았다.

농부께서는 당신의 토양에 비료를 잘 주지 않으면 황폐하게 되리라는 것을 아신다. 그리고 그분께서는 토양 상태를 위해 합성 화학 약품이 아닌, 유기물이 풍부한 썩힌 비료를 사용하신다. 당신은 당신이 죽어야만 했던 것들로부터 벗어나기를 소망했다. 그러나 그렇게 되지 않았다! 그것들은 그저 시들고 갈아엎어져서 안쪽에서 썩고 있었다. 그리하여 당신은 때로 이 지연된 죽음이 풍기는 역겨운 악취를 느끼곤 했다.

그러나 지혜와 사랑 안에서 모든 것이 해결되었다. 당신은 가장 귀하고 엄선된 씨앗을 하나님께 계속 공급받아서 심을 수 있다! 농부께서는 마리아의 처녀지에 그러하셨듯이, 당신의 밭에 그리스도의 씨를 심으신다. 마리아의 밭에는 오직 하나의 씨앗만이 심겨졌다. 그러나 이제 주님께서 살아나심으로 씨앗은 배가되었고, 아버지께서는 준비된 밭에 계속해서 예수 그리스도를 심으신다.

생각해 보라! 바로 지금 당신 안에서 예수 그리스도라는 최고의 밀알이 자라나고 있다! 그리고 그리스도께서는 당신 안에서도 하나의 열매가 아니라 배가된 수확으로 살아나야 한다! 우리 주님께서 자신을 가리켜 씨 뿌리는 자라고 말씀하지 않으셨는가? 그분께서 뿌리신 씨는 열매를 맺게 될 것이다. 왜냐하면 농부이신 아버지께서 땅을 경작하시고, 씨를 심으시고, 필요한 성령의 비를 보내시기 때문이다. 하나님을 찬양하라!

그러나 어떤 밭에서는 열매가 겨우 30배가 될 것이고, 어떤 땅에서는 60배, 어떤 땅에서는 100배가 될 것이다. 만약 여전히 심령에 고집과 완고함으로 단단하게 굳은 땅이 남아 있고 유혹에 쉽게 빠진다면, 하나님께서 아무리 경작하셔도 열매를 거의 맺지 못할 것이다. 또한 세상 것들과 쾌락을 사랑하거나 이생의 걱정과 염려가 소중한 씨앗을 몰아내 버리는 경우에도 풍성한 수확을 얻을 수 없을 것이다. 그러나 하나님을 찬양하라. 성령께서 강하게 증거하신다. 예수님은 당신이 "착하고 좋은 마음으로 말씀을 듣고 지키어 인내로 결실하는 좋은 땅"을 가진 밭이 되기를 갈망하신다(눅 8:15). 그렇다. 심지어 백 배의 수확이다!

당신은 그리스도의 편지다

고린도 교회에게 "너희는 … 그리스도의 편지니 이는 먹으로 쓴 것이 아니요 오직 살아 계신 하나님의 영으로 쓴 것이며"(고후 3:3)라고 했을 때, 바울은 우리 중 소수만이 제대로 이해하고 있는 심오한 진리를 말한 것이다. 당신도 뭇사람이 알고 읽을 수 있는 살아 있는 편지다!

분명 당신도 우리처럼, 성령께서 당신을 신실하게 인도하셔서 주님의 기록된 말씀을 읽을 뿐 아니라 먹도록 하시는 것을 눈치챘을 것이다. 그분께서는 말씀을 되살리셔서 영이요 생명이 되게 하신다. 살아 있는 말씀인 로고스는 우리와 함께 연합하신 예수 그리스도시다. 그리고 우리가 그랬듯이, 당신도 성령께서 이따금 당신의 심령과 마음을 서판 삼아 이 시대에 필요한 구절들을 적으시는 것을 분명 느꼈을 것이다. 새 언약은 그렇게 사람 안에 기록되었다(히 8:8-10). 그 언약이 우리의 마음과 심령에 기록되었을 뿐 아니라 모든 성경 구절이 놀라운 방식으로 우리 존재 안에 점점 새겨진다. 구약에서 모든 역사학자가 기록하고 선지자가 말한 것들이 우리 안에 새롭게 표현된다. 또한 예수님의 말씀, 사도들의 가르침, 심지어 요한의 계시록까지 한 단어씩, 한 구절씩 모두 다 전이된다. 오, 참으로 말씀이 우리 안에서 육신이 되기를!

한 번은 성령께서 매우 특별한 방식으로 임하셔서 다음과 같이 말하라고 지시하셨다. "나 프란시스가 왔나이다 나를 가리켜 기록한 것이 두루마리 책에 있나이다"(시 40:7). 사실이다! 하나님의 두루마리 책에는 당신에 대해 기록되어 있다. 세상의 기초가 놓이기 전부터 그리스도께서는 당신을 아셨고, 사랑하셨고, 택하셨다. 당신은 또한 그리스도의 살아 있는 말씀이자 편지가 되었다. 물론 당신은 아직 뭇사람들에게 알려지지도, 읽히지도 않았다. 그러나 분명한 것은 당신이 하늘의 성도와 천사들에게 알려지고 읽혀졌다는 사실이다.

또 다른 때에 성령께서 이렇게 말씀하셨다. "너는 여호와의 책에서 찾아 읽어 보라"(사 34:16). 나는 당시 성경 공부에 많은 시간을 들이고 있었기 때문에, 처음에는 이 명령이 이해가 되지 않았다. 그러나 그것이 나를 복된 계시로 이끌었다. 그때 성령께서는 나를 기록된 말씀이 아니라 그분의 살아 있는 편지로 향하게 하셨다. 성령께서는 그리스도의 몸에 속한 각 지체를 그분의 위대한 책의 각 페이지이자 일부분으로 보도록 가르쳐 주셨다.

나는 선택된 각 사람 가운데 주님께서 기록하신 내용을 일부분이나마 읽고 해독하는 법을 배우기 시작했다. 이는 숨이 멎는 경험이었다! 나는 속으로 "오, 제대로 읽기를!"이라고 계속 부르짖었다. 그리고 나 또한 편지이며, 하나님의 책 속의 작은 책임을 전보다 더 철저히 깨달았다. 요즘 표현 중에 "내 말 알아듣겠니?"(Do you read me?)라는 말이 있다. 이 말은 그분의 편지인 당신과 우리에게 얼마나 잘 들어맞는 표현인가!

만약 당신이 편지, 그것도 엄청난 말씀을 하시는 하나님의 편지라면, 그분께서 당신을 얼마나 높게 평가하실지 생각해 보라. 영원한 로고스의 살아 있는 표현이라니! 그분께서 기록된 말씀을 수대에 걸쳐 보존하셨듯이, 당신도 얼마나 조심스럽게 보존하시겠는가? 그러므로 먼지 쌓인 선반에서 벗어나 당신을 집어 들고 펼치시도록 주님의 손에 맡겨 드리라. 성도를 세우고 사람들에게 깨달음을 주는 그분의 편지가 되라.

당신은 표적과 이적이다

당신은 표적(sign)이자 동시에 이적(wonder)이 될 잠재성을 지니고 있다! "보라 나와 및 여호와께서 내게 주신 자녀들이 이스라엘 중에 징조(signs)와 예표(wonders)가 되었나니 이는 시온 산에 계신 만군의 여호와께로 말미암은 것이니라"(사 8:18). 히브리서에서는 주님께서 그분을 따르는 자들과 관련지어 이 구절을 인용하셨다고 기록한다. 그리고 이 말씀이 당신에게도 해당된다는 것을 확신하라. 성령께서는 우리에게 매우 개인적인 방식으로 이 말씀을 자주 되살리고 되새기셨다. 우리는 그분의 '표적이 되는 사람들'이며, 때가 되면 마침내 '이적'이 될 것이다.

만약 우리가 '남자를 낳는 어머니'(Mother-Man-Child)로 부르심을 받았다면, 우리 각자에게도 계시록 12장에 나오는 위대한 표적의 성취가 있을 것이다. 우리 안에서도 그 아들(the Man-Child)이 자라고 나타날 것이다. 우선 당신이 당신 안에서 그리스도를 키우는 일을 소홀히 여긴다면, 당신은 많은 자의 어머니가 될 수 없다. 그러나 하나님의 은혜로 당신 안에서 그 아기가 자라서 어린이가 되고 어른이 된다면, 하나님께서 그 씨앗이 배가되는 것을 보실 것이며, 또한 당신 안에 있는 그분의 은혜를 통하여 기도와 애정과 희생과 증언과 믿음으로 많은 영혼들 안에서도 그 씨앗이 나타나는 것을 보게 될 것이다.

당신도 우리 주님 안에서 그분의 선택받은 '어머니'가 될 수 있다는 사실이 얼마나 격려가 되는가? "손을 내밀어 제자들을 가리켜 이르시되 나의 어머니와 나의 동생들을 보라 누구든지 하늘에 계신 내 아버지의 뜻대로 하는 자가 내 형제요 자매요 어머니이니라!"(마 12:49-50) 다른 번역본은 이렇게 해석한다. "아버지의 말씀을 품고 지키는 자가 나의 어머니요 형제자매다."

우리 경이로운 주님께서 자신을 마리아의 손에 맡기신 그 순간, 그분 자신을 당신에게 완전히 내어 주신 것과 같다. 그분을 자애와 신신로 양육하든, 아니면 방치하고 심지어 학대하든 모두 당신의 권한이다! 처음으로 몸을 입고 세상에 나와서 엄마의 손에 맡겨진 유아처럼 무력한 존재도 없을 것이다. 정말 그렇다. 그 무력함은 곧 긴박한 어려움이 된다. 아기가 엄마를 필요로 하듯이, 예수님께서 전적으로 당신을 필요로 하신다는 것을 이해하겠는가?

엄마라면 다 알 것이다. 아기가 태어나면 엄마 입장에서도 자신을 내려놓아야 한다. 엄마의 삶에 완전히 새로운 질서가 시작된다. 엄마는 부드럽고 사랑스러운 목소리로 말하고, 조용하고 품위 있게 행동해야 한다! 새로 태어난 아기를 다룰 때 여성들은 스스로 매우 어색하고 서툴게 느낀다! 또한 엄마는 아기가 편안하도록 집을 청소하고 정리해야 한다. 조명이나 공기, 온도가 유약하고 작은 아기의 몸에 적절한지도 살펴야 한다. 갓 태어난 아기는 살아남기 위해 분투하며, 죽음은 늘 구유 가까이에 있다.

계시록 12장에 나온 여인과 아들의 표적이 큰 것이긴 하지만, 하나님께서 당신을 통해 나타내려고 계획하신 유일한 '이적'은 아니다. 예수님께서는 '인자(the Son of Man)의 표적'에 대하여 분명히 말씀하셨고, 그분께서는 그분의 몸의 모든 지체 안에 임마누엘, 우리와 함께하시는 하나님이자 인간의 형태를 입으신 하나님으로 나타나고자 하신다. 마지막 때에는 이 땅에 예언적인 표적이 많이 나타날 것이다. 그리고 머지않아 그리스도의 몸의 지체들이 부활하고, 그들이 영화롭게 되어 주님의 아름다운 형상과 권능으로 나타나는 때가 올 것이다.

그러나 당신은 지금 여기 매일의 삶에서도 그리스도를 위한 참된 실연자, 즉 사람들을 그분께 집중시키는 표적이 될 수 있다. 그분께서 매일 당신 안에서 은혜를 나타내실 때, 당신은 천사와 사람에게 구경거리가 되는 것이다(고전 4:9). 오늘날 수많은 남자와 여자와 심지어 어린이들도 온갖 표적을 나타내며 갖가지 실연을 펼치고 있다. 이런 때에 당신도 그리스도의 표적이며, 마침내는 이적이 되도록 계획되었음을 명심하라!

당신은 놀랍고도 경이롭게 지어졌다

나는 오랫동안 시편 139편을 사모해 왔다. 이는 우리의 창조주와의 관계에 담긴 신비를 노래한 참으로 아름다운 다윗의 시편이다. 성령께서는 이번 장의 메시지와 연결하여 이 시편을 다시 보게 하셨다. 그분은 불현듯 나를 사로잡아 앉히시고는 이 시편을 하나님에 대한 다윗의 노래가 아닌 다윗에 대한 하나님의 노래로 적어 보게 하셨다!

창조주께서 내 안에서 이 노래를 부르셨을 때, 내가 느꼈던 놀라움과 경외감을 어떻게 말로 표현할 수 있을까! 그분께서 지금 당신에게도 그 노래를 불러 주시기를 바란다! 창조주께서는 이 시편이 그분의 귀한 갈망이라고 말씀하셨다(성령께서는 여러 번역본들을 참조하게 하셨다).

나는 너를 속속들이 살펴보고 알고 있다. 나는 네가 앉고 일어서는 것을 알고, 멀리서도 너의 생각을 읽고 이해한다. 나는 너의 길과 너의 걷고 쉬는 것을 샅샅이 살피고 찾아내며, 너의 모든 행동을 잘 알고 있다. 내게 있어 너의 삶은 펼쳐진 책과 같다. 아무리 작게 말하더라도, 네 혀의 말 중에 나 여호와가 모르는 것은 하나도 없다. 나는 너를 앞뒤로 막고, 둘러싸고, 포위하며, 너에게 안수하였다.

나의 영원한 지식이 너에게 너무 기이하게 여겨지느냐? 그렇다. 그것은 너에게는 너무, 너무 높다! 네가 나의 영을 떠나서 어디로 갈 수 있겠느냐? 나의 임재를 떠나 어디로 피할 수 있겠느냐? 네가 하늘에 올라갈지라도 나는 거기에 있고, 네가 스올에 자리를 펴더라도 내가 거기에 있다! 네가 새벽 날개를 치며 바다 끝에 거하더라도, 거기서도 나의 손이 너를 인도할 것이며, 나의 오른손이 너를 붙들 것이다.

네가 혹 말하기를, "어둠이 반드시 나를 덮고, 밤이 나를 그 휘장으로 덮을 것이다" 하더라도 어둠도 나에게서 너를 숨기지 못하고, 밤이 낮과 같이 비추리니 나에게는 어둠과 빛이 모두 같다. 내가 너의 내장을 짓고, 모태에서 너를 만들었다.

나를 찬양하라. 나는 기이하고 놀랍다! 나를 찬양하라. 너의 탄생이 얼마나 경이로운지! 나의 창조 사역은 놀라우며, 너는 그것을 잘 알고 있다! 네가 은밀한 데서 지음을 받고 땅의 깊은 곳에서 복잡하고 기이하게 지어졌을 때, 너의 형체는 나에게 숨겨지지 않았다. 너의 형질이 지어지기 전에 내 눈이 너를 보았고, 그날들이 다 갖추어지기 전에, 그날들이 하루도 되기 전에 나의 책에 너의 생의 모든 날이 다 기록되었다.

너에 대한 나의 생각이 얼마나 보배로운가? 나, 너의 하나님의 생각이, 그 수가 얼마나 많은지! 내가 세려고 해도 그 수가 모래보다 많다. 네가 깨어날 때에도 나는 여전히 너와 함께 있다 … 나는 너를 찾고 너의 심령을 안다. 나는 너를 시험하여 너의 생각을 알 것이다. 너에게 무슨 악하거나 해로운 행동이 있나 보고, 너를 영원한 길로 인도할 것이다.

신비주의자나 과학자 모두 인간이 자신의 존재와 우주의 창조에 대해 완전히 무지하다고 거듭 강조한다. 하나님과 영원한 것들에 대한 무지는 말할 것도 없다. 마찬가지로 바울도 우리가 그리스도로 옷 입고 성령으로 비춰진 후일지라도 "지금은 거울로 보는 것같이 희미하다"고 말했다.

지금 우리는 (실제를 수수께끼처럼) 희미하게 비추는 거울을 보고 있습니다. 그러나 그때(온전한 것이 올 때) 우리는 얼굴과 얼굴을 마주하고 실체를 볼 것입니다! 지금은 당신이 부분적으로 (불완전하게) 알지만, 그때에는 마치 (하나님께서) 당신을 완전하고 분명하게 알고 이해하시는 것처럼, 완전하고 분명하게 알고 이해하게 될 것입니다 (고전 13:12, 확대역성경에서 '나'를 '당신'으로 바꿈)

주님께서는 우리가 성육신 교리에 대한 믿음을 고백할 뿐 아니라, 그것을 역사적 사실만이 아닌 현재적 진리로 믿기 원하신다. 교부들은 이렇게 말한다. "어디든 이 교리가 부인되고 그에 대한 가르침과 믿음이 유예되는 곳에서는 정결과 순결에 대해서도 마찬가지로 등한시된다." 그리스도께서 우리 안에서 육신이 되셨다는 지식을 알 때, 우리는 심령과 마음뿐 아니라 몸까지도 하나님의 영광과 존귀를 위해 성별하게 된다.

우리가 그분께 성령세례를 구하듯, 성령께서는 우리의 육신을 성별하는 것에 대해 얼마나 확고하고 끈질기게 역설하시는가! 어떤 높고 거룩한 목적이 있으시기에 이 제물을 원하시는지! 당신의 몸은 그리스도의 몸의 지체, 즉 그분의 손과 발과 목소리가 되었다!

영국의 시인 코벤트리 패트모어의 다음과 같은 글이 새삼스럽게 다가온다.

그러므로 당신의 몸으로 하나님을 품고 영화롭게 하라 … 그 몸은 주님을 위한 것이며, 주님께서는 당신의 몸을 위하신다. 하나님의 첫 입맞춤,

즉 성육신의 암묵적인 지식인 불세례는 하나님께서 당신의 몸과 하나가 되신다는 봉인이 아니겠는가? 하나님의 열망은 인간의 몸을 창조하신 것만으로는 완벽하게 채워지지 않았다. 그 몸과 연합되고 결합되었을 때, 비로소 그분께서 궁극적인 완성과 복을 얻으셨다. 그분께서 천사의 몸을 취하기 원하셨다는 말은 기록된 바가 없다. 그런 그분께서 우리의 몸을 취하셨다.

"곧 여자가 남자를 둘러싸리라"(렘 31:22)는 위대한 예언은 예수 그리스도께서 마리아로부터 얻으신 육신을 실제로 거룩하게 만드셨을 때 성취되었다. 십자가에서 하늘의 혼인이 성사되었다. 그때부터 모든 영혼은 본인의 선택에 따라 연합에 참여할 수 있었다 … 더 이상 성육신을 단지 과거의 일이나 한낱 비유적 표현으로 여기지 말라. 이 사실을 알라. 성육신을 통해 당신은 사람들은 물론, 거룩한 연인으로부터 친밀하고도 인간적으로 사랑받는 존재가 된다. 당신은 그분의 낙원이며, 하늘 중의 하늘이다.

당신은 하나님께서 사랑하시는 자 안에서 용납되었다

성령께서는 사도 바울의 통렬하고 정확하지만 화목케 하는 말씀을 취하여 당신에 대한 이 특별한 메시지의 대미를 장식하셨다. 우리 주님께서는 바울에게 교회(the Ecclesia)에 대한 완전하고 완벽한 계시를 주셨으며, 그리스도의 신부를 위한 특별한 지시를 맡기셨다. 또한 바울은 그 모든 것이 자녀의 신분과 연관되어 있다는 것을 매우 분명하게 이해하였다.

소중한 자여, 이제 이 말을 들어 보라. "당신은 하나님께서 사랑하시는 자 안에서 용납되었다!"(엡 1:6) 당신은 모든 연약함과 잘못과 어리석음과 불안정과 더불어 있는 그대로 용납되었을 뿐 아니라, 당신과 당신의 생명이 그리스도와 함께 하나님 안에 감추어졌으므로 바로 지금 아버지 하나님께 완전히 용납되었다(골 3:3). 또한 당신은 아들 하나님께도 용납되었다. 당신이 그분의 피로 씻겨졌고, 그분께서 당신에게 혼인 예복을 입히셨기 때문이다(사 61:10). 그리고 당신은 성령 하나님께도 용납되었다. 당신이 썩어질 씨가 아닌 썩지 아니할 씨로 거듭났기 때문이다(벧전 1:23).

'용납되었다'는 말이 며칠 동안 내 심령에 울렸다. 나는 이 단어에 해당하는 헬라어 원어를 찾아보았는데, 단순히 용납되었다는 것보다 훨씬 많은 의미가 내포되어 있는 것을 발견했다! '카리토오'(charitoo)는 특별한 영예를 받고, 크게 은총을 입는다는 뜻이다! 성령께서는 우리 대부분이 타인이나 사랑하는 사람들에게 용납받지 못하고, 거절당하고, 오해받는 것으로 인해 어느 정도 고통받고 있음을 알려 주셨다.

어쩌면 어린 시절에 온전히 용납받고 사랑받지 못했을 수도 있다. 때로는 부모가 자녀를 온전히 용납하는 데 어려움을 겪기도 한다. 그들에게는 자녀가 낯설고 혼란스럽고 자신과는 다른 존재로 보인다. 또는 마음 아픈 짝사랑을 겪었을 수도 있다. 지금의 세상은 쉽사리 우리를 용납하거나 바람직하게 여기지 않는다. 심지어 성도 간에도 용납되지 못하고 버림받고 '문 밖에 선' 상황에 있다는 것을 서로 잘 모르고 있다.

그러나 우리가 과거에 어떤 고통을 받았고, 설사 현재 그런 상태에 있다 하더라도, 성령께서는 이 사실만이 중요하다고 하셨다. 그것은 바로 주님께서 우리를 용납하셨을 뿐 아니라 사모할 만한 존재로 보신다는 것이다! 이 영광스러운 진리를 모든 상처를 치유하는 '길르앗의 유향'으로 삼으라! 그리고 그분의 사랑 안에서 당신이 용납된 것과 심령의 갈망이 이루어진 것을 발견하라.

모든 육신이 풀과 같음을 기억하라(벧전 1:24). 코로 숨 쉬는 인간에게서 기대와 기쁨을 찾지 말고, 하나님께서 사랑하시는 자 예수 안에서 발견하라. 모든 것은 시간이 지나면 사라지거나 변한다. 그러나 오로지 그분의 사랑만은 영원히 거한다. 그리고 당신과 그분 사이에 이루어진 사랑의 연합은 쇠하지 않고, 영원히 강해질 것이다.

성령께서는 우리에게 이와 같이 명하셨다.

주님께서 너를 어떤 조건이나 유예나 모호함도 없이 값없이 선택하고 용납하고 수용하셨으므로, 내가 너에게 간청하노니 하나님의 사랑과 은혜로 그리스도 안에서 너의 형제자매들을 비판이나 보류나 의심 없이, 있는 그대로 값없이 전적으로 용납하라. 마찬가지로 사랑하는 사람들과 친구들과 그리고 너 자신까지도, 세상 모든 존재가 처한 불완전하고 결함이 있는 상태 그대로 용납하라.

너 자신의 노력과 영향력으로 사람들을 바꾸려고 애쓰며 조바심 내기를 그만두어라. 너는 네 힘으로 머리카락 하나도 검거나 희게 할 수 없다. 또한, 하나님께서 사랑하시는 이 안에 거하며, 모든 환경과 경힘을 저항이나 충돌 없이 용납하라. 너는 주님을 사랑하고 그분의 목적을 따라 부름 받았으므로, 하나님께서는 계속해서 합력하여 너의 선을 이루고 계신다.

만약 네가 너 자신의 생각과 노력과 말이 아닌, 열렬한 기도와 감사로 모든 환경과 상황을 주님께 맡기며 완전한 용납의 삶을 사는 법을 배운다면, 큰 은혜가 네 안에 나타날 것이다. 그럴 때 인생의 피할 수 없는 긴장은 능력으로 변화되어 하나님께서 사랑하시는 자와 더 높은 차원으로 연합하고 교제하도록 너를 인도할 것이다.

너의 동료나 가족이나 환경 때문에, 또는 그들에 맞서서 분투하지 말라. 너의 모든 노력은 모든 일에 언제나 하나님께서 사랑하시는 이가 기뻐하시고 용납하실 만한 것을 말하고, 행하고, 생각하고, 살아가기를 추구함으로써 확장될 것이다.

또한 바울은 이렇게 말했다.

하나님의 뜻과 목적을 따라 그리스도 예수의 사도로 부름 받은 나 바울은 … 그리스도 예수 안에서 너에게 주신 하나님의 은혜(은총과 영적인 축복)로 말미암아 너를 위하여 항상 하나님께 감사하노니 … 주께서 너를 끝까지 세우시고(굳건하게 하시고, 힘주시고, 너를 변호하셔서) 메시아 예수 그리스도의 날에 책망할 것도, 비난할 것도 없는 자가 되게 하실 것이다(고전 1장).

내가 하나님의 열심과 거룩한 열정으로 너를 위하여 열심을 내노니 내가 너를 정결한 처녀로 그리스도께 드리려고 중매함이로다(고후 11:2). 그러므로 내가 하나님의 모든 자비하심을 따라 너에게 권하노니, 너의 몸을 (모든 기관과 기능을 드리며) 하나님께서 기뻐하시는 거룩한 산(사랑스러운) 제물로 단호하게 드리라. 이것이 네가 드릴 합당한 예배이자 영적인 경배이다. 이 세대를 본받거나 표면적으로 보이는 관습에 맞추거나 순응하지 말라. 오직 마음을 (완전히) 새롭게 함으로써, 하나님의 선하시고 용납할 만하고 완벽한 뜻, (그분께서 보시기에 너를 위해) 선하고 용납할 만하고 완벽한 것이 무엇인지 분별하도록 하라(롬 12장).

이제 너에게 참을성 있는 인내(견고함)를 주시고 격려해 주시는 하나님께서 너로 하여금 그리스도 예수를 본받아 상호 화합하고 서로 온전히 공감하며 살게 하여 주사 (만장일치로) 하나 된 심령과 한 목소리로 메시아이신 우리 주 예수 그리스도의 하나님 아버지께 찬양하고 영광을 돌리게 하려는 것이다(롬 15장).

그리스도 안에서 세상의 기초가 놓이기 전에 그분께서 사랑으로 너를 택하사(실제로 친히 너를 그분의 것으로 뽑으사) 너로 사랑 안에서 그분 보시기에 거룩하고(성별되고 구별되고) 흠 없게 하시려고, 완벽하게 하시려고, 그 뜻의 목적을 따라 그분께서 너를 미리 정하사(예정하시고 사랑으로 너를 위하여 계획하사) 그리스도 예수로 말미암아 그분의 아들로 입양되도록(드러나도록, 아들 신분이 되도록) 하셨으니 … 그분 안에서 너는 그분의 은혜로운 은총의 관대함과 풍성함을 따라 그의 피로 말미암아 속량 곧 죄 사함을 받았다. 이는 그가 너에게 모든 지혜와 명철을 넘치게 하사 그 뜻(계획과 목적의 비밀)을 너에게 알리신 것이다(엡 1장). 네 안에 계신 그리스도께서 너의 영광의 소망(너의 보증이자 기대)이다(골 1:27). 내가 네게 강권하노니 그분과 동행하라. 그분과 연합되고 일치되어 너의 삶을 조절하고 자신을 관리하라. 그분 안에 네 존재의 뿌리를 굳게 하고 깊이 심겨져 교훈을 받은 대로 계속 세워지며(높여지며), 믿음 안에서 점점 더 확증되고 확립되어 감사가 넘치게 하라. 너는 그분 안에서 완벽해지고 생명으로 충만해졌으며, 또한 너는 그리스도 안에서 성부, 성자, 성령으로 충만하고 온전한 영적 성장에 이를 것이다(골 2장).

그러므로 믿음 안에서 행복을 누리고, 쉬지 말고 기뻐하며 즐거워하는 심령을 유지하라. 범사에 하나님께 감사하라. 환경과 상관없이 고마워하고 감사하라. 이것이 그리스도 예수 안에서 너를 향한 하나님의 뜻이다. 성령을 소멸하거나 억제하거나 억누르지 말라. 모든 악을 버리라. 평강의 하나님께서 친히 너를 하나부터 열까지 거룩하게 하셔서 너를 불경한 것들로부터 따로 떼어 놓으시며, 순결하고 완전히 거룩하게 하셔서 너의 영과 혼과 몸이 건전하고 온전하게 보전되어 메시아 우리 주 예수 그리스도께서 오실 때에 흠 없게 발견되기를 원하노라. 너를 부르신 분은 신실하시며, 전적으로 믿을 만하시니, 그가 또한 행하시며 이루실 것이다. 아멘(살전 5장, 주로 확대역성경에서 인용함).

하나님의 왕국이 당신 안에
당신의 사랑하는 심령에 품어져 있네

하나님의 번개 화살의 섬광으로 말미암아

그분의 전능한 말씀과 함께 심겨졌다네

당신은 씨를 위해 준비된 땅

흙과 먼지의 작은 땅

마지막 때의 열매를 위해

그분께서 손수 고랑을 파고 돌보시네

당신의 마음은 성이 되었네

그 안에는 온갖 영화로운 것들이 있다네

요새처럼 언덕 위에 세워진 성

믿음이 그 성을 지키는 용사라네

숨겨진 진리의 보물을 지키라

선지자와 선견자의 예언을 잘 지키라

참된 왕국이 임할 때까지

당신은 왕국을 나타내는 자라네

- 프란시스 메트컬프

Chapter 5
노래하는 삶

E. 클레멘타인 쉐퍼

마지막 음조가 잦아들고 경외감에 찬 침묵이 뒤따르자, 나는 내가 결코 이전과 같을 수 없다는 것을 알았다. 왜냐하면 노래(아니면 그 노래를 부른 이)가 내 심령을 사로잡았기 때문이다. 이런 아름다운 기도의 노래는 언제나 나를 전율케 하지만, 이토록 깊은 감동은 처음이었다. 그것은 감정적인 흥분 이상의, 결코 잊을 수 없는 숭고한 경험이었다.

음악이 나에게 끼친 영향을 어떻게 말로 다 표현할 수 있을까? 영국의 비평가 칼라일은 음악이란 "우리를 무한의 극치로 이끌어 잠시 그 안을 응시하게 하는 표현할 수도, 헤아릴 수도 없는 언어다!"라고 말했다. 우리는 음악의 영향을 받으면서도, 그 이유는 알지 못한다. 다만 어떤 시인의 말을 믿을 수밖에 없다. "음악을 만든 분은 인간이 아니라 하나님이다. 그분은 모든 화음의 으뜸음을 놓으시고, 모든 완벽한 조합을 계획하셨다. 그리고 우리를 그것을 듣고 이해할 수 있는 존재로 만드셨다."

"음악은 천국의 분위기다"라는 말이 있다. 천상의 영역에서 무수한 천사들이 감미로운 노래로 끊임없이 지극히 높으신 하나님을 찬양하고 있다. 동시에 음악은 보편적이며 어디에나 존재한다. 우리의 놀라운 지구는 하늘 곡조의 반주가 되도록 만들어졌다.

하나님께서 욥에게 이렇게 물으셨다. "내가 땅의 기초를 놓을 때 네가 어디 있었느냐? … 무엇이 그 기초 위에 버티는 기둥을 잡고 있느냐, 누가 땅의 주춧돌을 놓았으냐? 그날 새벽별들이 함께 노래하였고, 하나님의 아들들(천사들)은 기쁨으로 소리를 질렀다"(욥 38:4-7, 확대역성경).

확대역성경에는 깨달음을 주는 흥미로운 주석이 달려 있다. "'새벽별들이 함께 노래하였다'라는 말은 수세기 동안 그저 비유적인 표현으로 여겨졌지만, 이제 우리는 별의 광선이 음파로 변환되어 '노래'를 나타낼 수 있다는 것을 안다." 물론 그 노래는 상상으로만 들을 수 있다. 그러나 하나님께서는 우리를 주변에 진동하는 음악을 듣고 즐길 수 있도록 만드셨다. 새들의 노래, 근심을 날리는 시냇가와 개울의 멜로디, 수천 개 현을 가진 하프가 연주되는 듯한 바람의 노래. 이들은 우리를 끊임없이 황홀하게 만드는 자연의 교향곡 중 극히 일부일 뿐이다.

그리고 성경! 이것을 읽고 그 안에 담긴 음악에 매력을 느끼지 못할 사람이 있을까? 이 거룩한 책은 성스러운 음악을 담은 음반으로, 지난 시대를 살았던 하나님의 백성의 영감 어린 곡들이 들어 있다. 약간의 상상력만으로도, 우리는 이스라엘 성전의 합창단이 다윗의 시편을 노래하는 소리를 들을 수 있다.

깊고 강하게 여호와의 존귀와 능력을 선포하는 남자들의 음성을 들어 보라! 그리고 그에 화답하여 맑고도 높게 그분의 거룩함과 아름다움을 노래하는 여자들의 음성을 들어 보라! 모세와 미리암, 드보라와 바락, 솔로몬, 한나, 엘리사벳, 그리고 마리아가 부르는 불멸의 노래에 귀기울여 보라! 과거의 것이지만, 시대를 초월하여 지금도 유효한 노래들, 비할 수 없는 아름다움과 장려한 찬미의 노래들! 이 노래들은 수세기에 걸쳐 경배자들에게 우리 왕 하나님께 드릴 찬양의 영감이 되었다.

주님의 노래

이제 나의 이야기를 하려고 한다. 하루는 오후엔가 잠시 쉬려고 누웠다. 그런데 편하게 자리를 잡기도 전에 놀랍게도 성령께서 가까이 계신 것이 느껴졌다. 누군가의 노랫소리가 들렸다. 그 노래는 내 안에서부터 들렸지만, 내가 부른 것은 아니었다. 나는 내가 소파에 누워 있는 것을 알았음에도, 이상하게 마치 성소에 앉아 있는 것만 같았다. 그때 한

테너가 알버트 헤이 말로테의 '주기도문'을 독창하는 소리가 들렸다.

나는 직감적으로 이 노래 안에 메시지가 있다는 것을 알았다. 그리하여 잠자코 경배하면서, 기대하는 마음으로 단어 하나하나를 음미하고 경청했다. '하늘에 계신 우리 아버지'부터 '아멘'에 이르기까지 모든 단어와 음절이 생생하게 살아 있었다. 나의 영은 민감하게 살아 있는 악기가 되어 그 잊을 수 없는 노래 위에 실린 듯했다. 노래가 끝난 후, 나의 심령은 열렬하게 '아멘'을 되풀이했다.

복된 정적의 능력이 뒤따랐다. 그 상태로 얼마나 있었는지는 모르겠다. 그러다 노래가 계속 재생되고 있음을 알게 되었다. "나라가 임하시오며 뜻이 하늘에서 이루어진 것같이 땅에서도 이루어지이다"라는 구절에 이르자, 드디어 나는 깨달았다. 이것이 바로 내가 기다리던 메시지였다. 이 구절은 설명할 수 없는 방식으로 존재 깊은 곳에서 나를 감동시키며 새로운 의미로 살아났다. 노래의 가사가 내 심령을 살피고, 생각을 판별하고 탐구하며, 내게 질문하는 것을 느꼈다.

"주님의 나라가 임하시오며." 나는 언제나 이 사건을 그리스도께서 천년왕국에서 이 땅을 다스리실 미래의 일로 생각했다. 그러나 이제는 이 땅에서 눈에 보이는 통치가 시작되기 이전에 왕 되신 주님의 보이지 않는 즉위가 있음을 안다. 그 일은 지금 이곳에서, 당신과 나의 심령에서 이루어진다.

성령께서 내 삶 가운데 그리스도의 주 되심을 부드럽지만 끈질기게 역설하셨다. 이에 나는 영적 재고 조사의 때, 진지하게 심령을 탐색해야 될 때가 온 것을 알았다. 나는 정말로 그분의 귀한 손에 왕권을 내어 드리고 있는가? 그분께서 내 삶의 모든 영역에서 다스리시는가, 아니면 내가 인식하지 못한 채 '보류된' 영역이 있는가? 그리스도께서 참으로 나의 일과 즐거움과 계획과 습관과 시간과 모든 것을 제어하시는가? 특성과 기질 및 자아의 미묘한 영역에까지 탐색이 깊어졌다. 말씀에 비추어 본 나의 자화상은 분명 빛나는 모습은 아니었다.

"주의 뜻이 이루어지이다." 음악은 계속되었다. 음악이 공기를 채우고, 나를 감싸며, 치유와 정결의 물결이 밀려 들어왔다. 그리고 주님의 뜻 안에서 자아를 지워 버리고자 하는 말할 수 없는 열망이 나의 심령을 녹였다. 그것은 어쩌다 일부가 아닌, 항상 모든 삶을 그분의 뜻 앞에 내려놓음으로써 얻는 복된 해방감을 향한 열망이었다.

"이 땅에서도…" 나는 그중에서도 왜 이 메시지가 왔는지 궁금했다. "나는 이 땅에서 네가 나의 노래가 되기 원한다." 그것은 의외의 대답이었다. 그러다 갑자기 그 의미를 이해하자 심령이 흥분되었다. 만약 그리스도인이 하나님의 뜻과 조화되어 산다면, 그의 삶이 곧 노래인 것이다! 자기 의지나 두려움과 의무, 의심과 패배의 수준에 머무르는 불협화음의 삶이 아닌 승리하며 빛나는 믿음과 찬양의 삶, 바로 노래하는 삶 말이다!

나중에 나는 이미 수세기 전에 성 이그나티우스가 그리스도인들에게 보내는 편지에서 이 개념을 아름답게 표현했다는 것을 알게 되었다. "그러므로 당신이 그분과 일치되고 사랑으로 화답할 때, 예수 그리스도를 노래하게 된다." 참으로 그러하다! 어디든지 '그분께 일치되고 사랑으로 화답하는' 신자들이 예수 그리스도를 노래하는 곳에서는 다른 사람들도 그분의 사랑의 능력으로 영향을 받아 변화하게 된다. 그러나 이 땅의 수많은 사람들이 여전히 예수 그리스도의 노래를 한 번도 듣지 못했다고 생각하니 슬퍼졌다.

"주의 나라가 임하시오며 뜻이 … 땅에서도 이루어지이다." 이 음악이 몇 주간 뇌리에서 떠나지 않았다. 이 노래가 날마다 심령에 울렸고, 다른 이가 연주하고 노래하는 것도 자주 들렸다. 특히 이 구절에서는 늘 심령을 비틀고 눈물을 녹여내는 감동을 느꼈다. 그것은 실패와 결점을 뉘우치는 눈물이자, '그분의 노래가 되고자' 하는 열망의 눈물이었다.

그분의 노래가 되기 위해

한편 기쁨에 찬 항복의 눈물도 있었다! 나는 이제 주님(The Master)의 노래 교실에 등록했고, 그 노래를 부른 분이 직접 가르쳐 주신다. "항상 기억하라!" 그분께서 말씀하셨다. "노래하는 삶은 하나님의 뜻과 조화되는 삶이다." 나는 그 말씀을 진지하게 묵상했고, 내 삶이 그분의 노래가 되기 위해서는 많은 변화가 필요함을 깨달았다. 우선 심령의 '현'을 계속해서 조율해야 할 것이다. 조율된 음에서 벗어나기가 너무나 쉬우니 말이다! 그리고 '음악의 기초'를 배우고, 성실하게 연습해야 할 것이다.

지금 우리는 '조율'을 연습하고 있다. 이 과정에서는 성령님의 자극과 점검을 의식하기, 그분의 다정한 속삭임에 잠잠히 귀기울이기 등 많은 것을 배운다. 이제는 '나의 뜻'이 아닌 '그분의 뜻'을 노래하는 것이 더 쉬워지긴 했지만, 그래도 여전히 무언가 부족하다! 선생님께서 "주의 뜻이 이루어지이다"라고 노래하실 때는 그분의 뜻 앞에 기꺼이 자신을 순전하게 내려놓는 영으로 전율을 일으킨다. 참으로 하나님의 뜻이 그의 기쁨이자 즐거움인 것이다! 오, 내가 노래할 때와는 어찌나 다른지. 내 목소리는 가늘고, 떨리며, 불안정하다.

"아니, 아니, 아니지!" 선생님께서 말씀하신다. "이렇게 해야지." 그분은 그 구절을 반복하시며 어떻게 노래해야 하는지 보여 주신다. "하나님의 뜻을 행하는 것은 좋은 일이지만, 그것만으로는 충분치 않다. 그분의 노래가 되려면, 반드시 그분의 뜻을 기뻐해야 한다. 이것이 너희가 다음에 배울 내용이다."

그래서 나는 '그분의 뜻을 행하기를 기뻐하기'를 연습하도록 명 받고, 열정적으로 연습하기 시작했다. 잠시 동안은 꽤 쉬웠다. 하지만, 처음의 신선함이 사라지고, 시련이 오면서 열정마저 사그라지자 연습은 더 힘들어졌다. 기쁨으로 노래하는 것은 생각보다 어려웠다. 게다가 나는 나의 '노래 연습'이 주변 사람들을 괴롭히고 있다는 것을 발견했다.

이때부터 낙담의 유혹을 받았다. 발전의 기미도 전혀 보이지 않았다. 그러나 선생님께서는 참을성 있게 나를 격려하시며, 앞선 사람들이 배웠던 교훈을 말씀해 주셨다. 나는 그 말을 결코 잊지 못할 것이다. "절대 낙심하지 말라. 이미 낙심했다면, 낙심 가운데서도 계속 연습하라!" 그래서 나는 계속 연습했고, 그러다가 어느 순간 나의 노래가 눈에 띄게 좋아진 것을 발견했다. '기뻐하기'가 쉬워진 것이다.

연습

이 땅에서 우리의 연습은 결코 끝나지 않을 것이다. 연습을 소홀히 하면, 예외 없이 과거의 잘못된 습관으로 되돌아가게 된다. 연습을 등한시하면, 선생님께서 아실 것이고, 우리 자신이 알 것이며, 곧 모든 사람이 알게 될 것이다. 우리의 노래는 음정을 벗어날 것이다!

주님의 노래가 되는 법을 배우려면 단련(discipline), 즉 자기 부인과 인내와 끈기와 겸손을 단련해야 한다. 우리가 예수 그리스도를 노래하려면, 가장 먼저 자기 부인(Self-denial)을 배워야 한다. 주님께서 말씀하셨다. "누구든지 나의 제자가 되고 싶거든 자기를 부인하고(자기 자신과 자신의 관심사를 무시하고, 보지 않고, 잊어 버리고) 그의 십자가를 지고 나를 따르게 하라"(마 16:24, 확대역성경).

우리의 자아가 가지는 갈망과 관심은 참으로 하나님의 뜻과 갈등을 일으킨다. 그렇다면 자기 부인이란 우리를 정죄하여 비참한 삶으로 빠뜨리는 것인가? 절대 그렇지 않다! 자기애(Self-love)는 우리로 하여금 하나님의 뜻에서 발을 빼게 한다. 그로 인해 불행해질까 봐 두렵기 때문이다. 정녕 우리의 관심은 거룩보다는 행복으로 향하는가?

신학자 타이런 에드워즈는 이렇게 말했다. "행복을 위한 행복을 추구해 보라. 그러면 그것을 찾지 못할 것이다. 대신 의무를 추구하라. 그러면 햇살 뒤의 그림자처럼 행복이 따라올 것이다." 다른 현인은 이렇게 말했다. "행복은 우리 안에만 있는 것도 아니고, 우리 없이 존재하는 것도 아니다. 그것은 우리와 하나님의 연합이다." 하나님과 연합된 심령은 이렇게 노래할 수 있다. "하나님의 달콤한 뜻이 나를 친밀히 덮으사, 그분 안에서 나를 완전히 내려놓았네."

"인내가 자신의 일을 완수하게 하라." 성 제임스가 한 말이다. 누군가 고통과 시련과 역경을 불평 없이 감내할 수 있다면, 그는 인내를 가진 것이다. 그러나 시무룩하게 버티는 것과 인내를 혼동해서는 안 된다. "인내는 영을 강하게 하고, 노여움을 달랜다." 또한 중국 속담에서는 "인내는 힘이다. 시간과 인내가 있으면 뽕잎이 비단이 된다"고 말한다. 마찬가지로, 시간과 인내가 있다면 우리의 사랑스럽지 않은 삶도 노래가 될 수 있다!

끈기가 일을 이룬다. 끈기 없이 쉽게 이루어지는 일은 아무것도 없다. 새로운 도전을 시작할 때는 한껏 신나고 들뜨기 마련이다. 그러나 늘 그렇듯 흥분이 식고 나면, 참을성의 가치를 배우게 된다. 평범한 능력을 가진 사람이라도 인생의 목표를 꾸준히 추구하다 보면 성공하는 경우가 많다. 그러나 더 큰 잠재력을 가졌음에도 실패하는 사람이 있다. 끈기가 부족하기 때문이다. 나는 롱펠로우가 끈기에 관해 말한 시구를 좋아한다. "고귀한 마음의 거룩한 광기는 결코 흔들리거나 나약해지지 않고, 내다보던 것들을 다 찾을 때까지 수고하고 견디고 기다리며, 만약 찾지 못한다면 만들어 낸다."

"겸손은 낮고 달콤한 뿌리, 모든 하늘의 덕이 거기에서 난다네." 한 시인의 말이다. 이 덕목은 우리 힘으로는 충분치 않으며, 우리의 만족은 오직 하나님께 있음을 가르쳐 준다. 인간의 노력만으로는 거룩한 노력으로 얻는 성공에 이를 수 없다는 것을 배우기까지는 그리 오랜 시간이 걸리지 않는다.

노래하는 삶을 사는 모든 사람은 "아버지께 완전히 순종하는 삶을 사심으로써 자신을 낮추신 그분께" 반드시 의지해야 한다(빌 2:5, 8, 필립스 역). 우리가 그리스도의 겸손의 깊이를 이해할 수 있을까? "이 … 겸손한 마음을 너희 안에 품으라(그분을 네 겸손의 모범으로 삼으라) 곧 그리스도 예수의 마음이니 그분은 하나님과 그분의 형상 안에서 본질적으로 하나 된 분이시나 … 자신을 벗고 … 종(노예)의 모습을 입기 위해서, 사람처럼 되셔서 인간으로 태어나셨고 … 죽기까지, 심지어 십자가의 죽음에까지 극단적으로 순종하셨다!"(빌 2:5-8, 확대역성경)

성 어거스틴은 이렇게 말했다. "당신이 '종교에서 가장 중요한 것은 무엇입니까?'라고 묻는다면, 나는 이렇게 대답할 것이다. 첫째와 둘째와 셋째, 모든 것이 그 안에 들어 있는데, 바로 겸손입니다."

오, 우리의 교만과 자기만족을 넘어뜨리는 모든 것으로 인해 하나님께 감사드리라. 하나님께서는 우리가 연약함과 실패를 통해 "내게 배우라, 나는 마음이 온유하고 겸손하니"(마 11:29)라고 말씀하시는 주님을 더 강하게 의지하도록 가르치신다.

그리고 또 연습

우리는 오직 그분의 노래가 되고자 하는 갈망을 원동력 삼아 연습을 계속해야 한다. 그러나 인간의 본성이 연약하기에 우리는 쉽게 게을러진다. 그럴 때는 과거의 실패를 기억하는 것만으로도 나태한 영을 자극하여 움직이게 하는 데 도움이 된다. 당신의 삶에 추한 불협화음이 들어오기 시작한 때를 기억하는가?

나는 나의 슬픈 경험을 선명하게 기억하고 있다. 우리는 우울했고, 실의에 빠졌고, 왜 축복받지 못하는지 의문을 갖곤 했다. 한때 알던 기쁨들, 주님의 실제적인 임재, 그분과의 달콤한 교제는 어디로 간 것일까? 대체 어디서부터 잘못된 것일까? 그때 떠오르기 시작했다. 어머니 하와는 속이는 자의 음성에 귀기울이고 의심과 불만과 야망에 틈을 내어 줌으로써 조율된 음에서 벗어났다. 그리고 슬프게도 하나님과의 교제가 깨어진 상태의 쓰라림을 경험했다. 오, 우리는 얼마나 열심히 이 교훈을 반복하고 있는가!

우리는 상황이 어려워지면, 인생이 본래 쉽지만은 않다는 것을 잊어버리곤 한다. 그러면 어찌할 것인가? 옛 방식에 빠져서 자기 연민에 탐닉할 것인가? 낙심과 우울에 빠질 것인가? 아니면 투덜거리고 불평할 것인가? 그렇게 우리가 불러야 할 노래를 제쳐 놓을 것인가?

우리 선생님께서 시험과 시련을 만날 때 어떻게 해야 하는지 알려 주신다. "온전히 기쁘게 여기라"(약 1:2). 메트로놈의 똑딱거리는 소리가 들리고, 우리의 심장 박동도 그분의 말씀과 함께 경쾌하게 뛰는 것이 들린다. "온-전-히 기-쁘-게, 온-전-히 기-쁘-게, 온-전-히 기-쁘-게…" 그분께서 말씀하신다. "너희는 항상 기쁘게 느끼지는 못할 것이다. 그러나 시련을 기쁘게 여겨야 한다. 왜냐하면 그것은 너희 믿음을 증명하고 시험하려는 목적으로 온 것이기 때문이다."

우리는 이 말이 사실임을 곧 깨달았다. 우리가 받은 과업은 '느낌'이 아니라 '의지'로 성취된다. 가고 싶을 때만 출근하는 사람이 있는가? 우리도 하고 싶을 때만 연습해서는 결코 불러야 할 노래를 배울 수 없다.

목사이자 신학자인 A. B. 심슨이 말했다. "의지는 인간 본성에 있는 통치력이다. 의지가 바르게 세워지면, 나머지 본성은 모두 그에 따르도록 되어 있다." 여기에는 우리의 태도도 포함된다. 만약 하나님의 뜻대로 행하는 것을 어쩔 수 없이 견뎌야 할 일로 여긴다면, 우리는 음울하고 지루한 노래를 부르게 될 것이다. 우리의 태도가 우리의 높이를 결정한다. 노래하기를 원한다면, 땅에서 발을 떼고 높이 올라가야 한다!

믿음과 찬양의 삶

어떤 분야에서든 훈련에는 대가가 따른다. 예수 그리스도를 노래하는 법을 배우는 것은 가장 비싼 수업이다. 이것은 썩어질 은과 금의 개념을 말하는 것이 아니다. 이 훈련의 수업료는 고귀한 믿음의 금이다. 믿음은 그리스도인의 삶에서 기본이 되는 원리이자 우선적인 본질이다. 믿음이 없이는 결코 하나님과 연결될 수 없다. "믿음이 없이는 하나님을 기쁘시게 하고 만족시킬 수 없다. 누구든지 그분께 가까이 오는 자는 그분께서 존재하시는 것과 그분께서 진실하고도 부지런하게 그분을 찾는 자들에게 상 주시는 분이심을 반드시 필수적으로 믿어야 한다"(히 11:6, 확대역성경).

당신과 나는 믿음의 분량을 받았다. 그러나 그것이 빛나고 승리하는 삶을 살기에 충분한 정도인가? 노래하는 삶을 살기 위해서는 삶 가운데서 도전과 충돌을 만날 때 이겨 낼 수 있을 정도의 강한 믿음을 가져야 한다. 의기양양하게 기쁨에 차서 시험에 맞설 정도의 믿음을 가져야 한다.

문제와 고통은 누구나 겪는 일이다. 온 세상이 고통받고 있다. 하나님의 뜻이 아닌 아담의 타락으로 말미암아 이 세상에 죄와 악이 들어왔기 때문이다. 극도로 비참하고 가엾은 처지가 도처에 널려 있다. 인간이 도저히 감당할 수 없을 것 같은 문제도 셀 수 없이 많다. 누구도 예외가 아니다. 죄인은 고통받고, 죄 없는 자도 마찬가지다. 심지어 우리가 직접 일으키지도 않은 문제가 닥치기도 한다. "세상의 반은 나머지 반을 비참하게 만드느라 분주하다." 누군가 농담으로 한 말이겠지만, 사실이다.

그런데 그리스도인, 특별히 그분의 노래가 되고자 하는 사람들에게 도대체 고난이 어떻게 하나님의 계획에 어울린다는 것일까? 하나님께서는 무한한 사랑과 지혜 가운데 고난을 훈련 학교로 사용하신다. 아담과 하와는 시험을 받고 실패하고 말았다. 그 후로 인류는 줄곧 고통받았다. 그러나 둘째 아담이신 예수님께서 '정복자 이상으로 넉넉히 이기시며' 시험을 통과하셨다. 그분께서는 우리에게 이기는 법을 보여 주셨다. "세상에서는 너희가 환난과 시련과 좌절과 비탄을 당하나 즐거워하라(용기를 내고, 자신감을 갖고, 확신하며, 의연하라) 내가 세상을 이기었노라(내가 세상에게서 해를 입히는 능력을 빼앗고, 너를 위해 세상을 정복했노라)"(요 16:33, 확대역성경).

그러나 고난 자체가 우리의 믿음을 온전하게 하거나 우리의 본성을 바꾸지는 못한다. 보통은 고난을 받으면 억울해하고 분노하게 된다. 그러면 헛되이 고통을 받는 것이다. 따라서 우리는 믿음과 겸손으로 양보하고 용납하는 태도를 가져야 한다.

주님께서 환난과 시련을 피할 수 없다고 말씀하셨다고 해서 우리가 왜 낙심하고 낙담해야 하는가? 물론 모든 것이 잘못되어 가는 것처럼 보이는 때가 있다. 우리는 모두 비슷한 경험을 했다. 갑자기 태양이 얼굴을 감추고 먹구름이 모여들더니, 우리를 위협하고 압도하는 능력 밖의 문제들이 정신없이 몰아닥친다.

시련이 올 때, 어떻게 반응해야 하는가? 기억하라. 주님께서는 우리가 문제를 면할 것이라고 약속하지 않으셨다. 다만 문제가 우리를 해치지 못할 것이라고 말씀하셨다. 문제에 대한 각자의 반응은 매우 다양하다.

누군가는 의문을 던지고 의심하며, 대부분은 자신의 운명을 불평하고 투덜거린다. 누군가는 《천로역정》의 저자 번연이 말한 절망의 구렁텅이 속으로 빠져들고, 누군가는 마귀를 책망하며 즉각적인 구출을 요구한다. 또 다른 이는 주님을 탓하고 반항적인 태도를 보이며, 어떤 사람은 여전히 절망으로 쓰러져 있다. 그런가 하면 모든 것이 합력하여 선을 이룰 것을 믿는 사람도 있지만, '하나님의 뜻'에 억지로 복종한 자들은 시험에서 승리하지는 못한다. 당신과 나는 어디에 속해 있는가? 나는 우리 모두가 비슷하게 반응한다고 확신한다. 그러나 이것은 예수 그리스도를 노래하는 방법이 아니다! 믿음과 찬양의 삶은 이런 것이 아니다!

인류에 속한 이상, 평생 문제가 있을 수밖에 없다는 것은 분명하다. 오래전에 욥은 다음과 같이 말했다. "여인에게서 태어난 사람은 생애가

짧고 걱정이 가득하며"(욥 14:1). 이 사실만으로도 우리는 우리에게 믿음, 그것도 지금 대부분이 가지고 있는 것보다 더 강한 믿음이 필요함을 확신하게 된다. 친구여, 인생의 문제를 극복하기가 어려운가? 너무 연약한 믿음에 근거를 두고 있지는 않은가? 그렇다면 당신의 믿음은 어떻게 확고해질 수 있겠는가?

이것은 '공개된 비밀'이다. 정답은 말씀 안에 명확하고 분명하게 제시되어 있다. 그러나 마치 정답이 우리를 피해 온 것 같기도 하고, 어쩌면 우리가 피했을지도 모르겠다. 그러나 오늘날 많은 하나님의 사람들이 이 비밀을 배우고 있다. 그들은 찬양의 능력, 즉 모든 환경에서 하나님을 찬양하는 삶의 복을 배우고 있다. 그리고 그들의 삶은 놀랍게 변화되고 있다. 그들은 독수리처럼 정상으로 솟아오르며 힘을 새롭게 하고 있다.

물론 이러한 비행을 위해서는 날개가 꼭 필요하다. 그 두 날개는 바로 믿음과 찬양이다! 그렇다. 하나는 믿음이요, 다른 하나는 바로 찬양이다. 찬양은 우리가 인생의 염려와 문제를 넘어서기 위해 필요한 것 이상으로 우리를 올려 준다.

믿음에 견고해지기를 원하는가? 찬양에 견고해지라! 믿음에 대해 생각할 때, 우리는 믿음에 견고해져서 하나님께 영광을 돌렸던 아브라함을 떠올리곤 한다(롬 4:20). 어느 날 이른 아침에 눈을 떴을 때, 성령께서 나의 심령에 이렇게 말씀하셨다. "하나님께 영광을 돌리고, 믿음에 견고하여지라." 나는 혼란스러웠다. 로마서 4장 20절 같기는 한데, 순서가 거꾸로였다. 그래서 여러 다른 번역을 통해 놀랍게도 찬양할 때 믿음이 강화된다는 생각이 명확하게 제시되어 있음을 발견했다.

확대역성경은 다음과 같다. "그러나 그(아브라함)는 하나님께 영광을 드릴 때, 믿음으로 강해지고 능력을 받았다." 윌리엄스역은 다음과 같다. "그러나 그는 하나님의 약속에 결코 의심하며 동요하지 않고, 믿음 안에서 견고하여졌다. 왜냐하면 그가 하나님께 영광을 드렸기 때문이다." 또한 모팻 번역본은 다음과 같다. "어떤 불신앙도 그를 하나님의 약속에 대해 흔들리게 하지 못했다. 하나님께 영광을 드릴 때, 그의 믿음은 힘을 얻었다." 내 심령은 찬양으로 흘러넘쳤고, 짧은 합창곡이 나에게 임했다.

> 아버지 아브라함이 약속을 받았을 때,
> 그는 주님께 절하고 경배했네
> 의심과 두려움은 찬양에 자리를 내어 주고,
> 하나님의 말씀에 대한 그의 믿음은 견고해졌네
>
> 그러므로 나의 심령아, 계속해서 주님을 찬양하라
> 주님 찬양하기를 계속하라
> 범사에 기뻐하고 감사를 드리라
> 주님을 계속 찬양하라

하늘의 성도들과 노래하기

믿음이 견고해지고 싶은가? 찬양에 견고해지라! 우리는 아가서의 사랑스러운 보화와 고귀한 시편 찬양을 물려받았다. 비록 그것을 불렀던 이들의 목소리는 이 땅에서 오래전에 잠잠해졌지만, 그들의 노래는 여전히 살아 있다. 성령께서 이 믿음과 찬양의 노래들을 사용하셔서 우리의 심령을 일으켜 세우시고, 우리에게 노래할 수 있도록 영감을 주시기를 소망한다!

욥이 부른 불멸의 노래는 비극과 육신적 고통의 불 가운데서 탄생했다. 물론 우리는 이와 유사한 후렴구를 이미 배웠다. "주신 이도 여호와시요 거두신 이도 여호와시오니 여호와의 이름이 찬송을 받으실지니이다!"(욥 1:21)

하박국 선지자의 노래는 믿음과 찬양의 대표적인 찬가이다. 그는 비록 과수원과 밭에 열매가 없고 양과 소가 하나도 없을지라도, 여전히 주를 찬양할 것이라고 선포했다. "나는 여호와로 말미암아 즐거워하며 나의 구원의 하나님으로 말미암아 기뻐하리로다!"(합 3:18)

유대 민족은 믿음과 찬양에 힘입어 침략하는 적군에 큰 승리를 거두었다. "(여호사밧이) 노래하는 자들을 택하여 거룩한 예복을 입히고 군대 앞에서 행진하며 여호와를 찬송하여 이르기를 여호와께 감사하세 그의 인자하심이 영원하도다 하게 하였더니"(대하 20:21).

거룩한 사도들에게서도 같은 예를 찾아볼 수 있다. 환난과 고난의 때에 그들은 어떻게 반응하였는가? 바울과 실라의 노래를 들어 보라. 감옥 안에서 매 맞고 피 흘린 채 차꼬에 묶여 있을 때, 이 십자가의 군병들은 의기양양하게 하나님께 찬양을 드렸다! 이처럼 하늘의 성도들은 우리에게 기뻐하는 법을 가르쳐 준다! 바울의 말은 그 자체로 노래다. "우리의 모든 환난 가운데서도 기쁨이 넘치는도다 … 항상 기뻐하라 … 범사에 감사하라 … 우리가 환난 중에도 즐거워하나니 … 내가 그리스도를 위하여 약한 것들과 능욕과 궁핍과 박해와 곤고를 기뻐하노니"(고후 7:4, 살전 5:16-19, 롬 5:3, 고후 12:10).

여기 주님께 영광 돌리는 베드로의 목소리에도 승리의 함성이 있다. "사랑하는 자들아 너희를 연단하려고 오는 불 시험을 이상한 일 당하는 것같이 이상히 여기지 말고 오히려 즐거워하라 … 만일 그리스도인으로 고난을 받으면 … 도리어 그 이름으로 하나님께 영광을 돌리라"(벧전 1:6, 4:12-13, 16).

또한 야고보의 말은 참으로 우리의 믿음에 도전을 준다. "내 형제들아, 너희 삶에 온갖 시련과 유혹이 몰려들거든 그것들을 불청객으로 여겨 노하지 말고 친구로서 환영하라!"(약 1:2, 필립스역) 같은 구절을 다른 번역본은 이렇게 표현한다. "내 형제들아, 그것을 모두 기쁨으로 여기라"(흠정역). "그것을 온전히 기쁘게 여기라"(확대역). "그것을 반드시 가장 순전한 기쁨으로 여길지라"(윌리엄스역). "그것을 순전한 기쁨으로 환영하라"(모팻역). 어떤 번역을 받아들이더라도, 시련과 유혹이 나의 믿음에 강한 도전을 주었다!

여기서 우리 주 예수님의 말씀을 듣지 않을 수 없다. "사람들이 너희를 미워하고 배척하고 비난하고, 너희 이름을 악하다 하여 쫓아낼 때에 너희에게 복이 있도다. 그날에 기쁨을 터뜨리고 열광하며 뛰놀라. 하늘에서 너희 상급이 풍성할 것이기 때문이다"(눅 6:22-23, 윌리엄스역).

찬양은 믿음을 확증한다

찬양은 믿음을 확증한다. 찬양은 하나님에 대한, 그리고 그분의 본성과 모든 일과 길에 대한 우리의 믿음을 선포하고, 확증하고, 주장한다.

참된 찬양은 한낱 형식이나 의례가 아니다. 말씀을 기계적으로 반복하는 것도 아니다. 심령으로부터 자연스럽게 우러나와 흘러넘칠 때, 그것이 바로 참된 찬양이 된다. 이는 우리 자신이 아니라 하나님께 영광을 드리는 것이다. 찬양을 통해 우리는 하나님께 믿음과 신뢰와 사랑을 말한다. 이는 마치 그분께 신임표를 던지는 것과 같다. 때로 우리의 간구가 지연되거나 거부될지라도, 그분께서 모든 것을 잘되게 하실 것을 믿기 때문이다.

찬양은 이 모든 것뿐 아니라 훨씬 더 많은 것을 확증한다. 내게 찬양은 이런 의미다.

〈 찬양은 행하는 믿음 〉

찬양은 불협화음을 해소하고 화음을 깨우는 믿음

찬양은 기쁨의 교향곡을 노래하는 믿음

찬양은 눈물 중에도 미소 짓는 믿음

찬양은 메마른 시기에 신뢰하는 믿음

찬양은 시련 가운데 승리하는 믿음

찬양은 하나님의 거절을 받아들이는 믿음

찬양은 적을 궤멸하는 믿음

찬양은 "나는 그렇게 될 것을 안다"라고 선포하는 믿음

찬양은 실수를 극복하는 믿음

찬양은 이적을 일으키는 믿음

찬양은 보이지 않는 축복을 셈하는 믿음

찬양은 하나님의 말씀을 고백하는 믿음

찬양은 어둠을 가르는 믿음

찬양은 과녁에 적중하는 믿음

찬양은 하나님의 팔에 기대는 믿음

찬양은 불안을 제거하는 믿음

찬양은 상급을 붙잡는 믿음

찬양은 하늘로 솟아오르는 믿음

찬양은 승리를 외치는 믿음

찬양은 모든 때에, 그리고 영원히 유효한 것!

찬양은 경험이다

하나님의 노래가 되기 원하는가? 찬양의 능력을 입증하라. 찬양이 당신의 믿음을 강화할 것임을 경험으로 알라. 찬양 가운데 하나님께 가까이 나아가라. 모든 일에서, 모든 것을 위해 믿음으로 그분을 찬양하라. 온종일 계속해서 그분을 찬양하라.

때로는 찬양이 그저 속삭임일 수도 있고, 때로는 온천수처럼 솟구쳐 흘러넘칠 수도 있다. 언제나 들리는 소리로 할 필요는 없다. 때로는 하나님을 향한 심령의 고양 그 자체일 수도 있다. 그러나 열렬하고, 지속적이고, 신실하게 하라. 어떤 시험과 시련을 당하더라도, 당신의 믿음과 찬양을 노래하기로 결단하라. 실험 삼아 해 본 찬양의 결과에 당신은 깜짝 놀라고 전율하게 될 것이다.

하나님의 노래가 되기 원하는가? "예! 하지만 제 인생은 너무 혼란스러워요. 이해하기 어려운 것도 너무 많네요." 당신이 하나님의 방식을 이해할 필요는 없다. 그저 그분을 믿기만 하라. 사도 바울은 이렇게 말했다. "우리가 알거니와 하나님을 사랑하는 자 곧 그의 뜻대로 부르심을 입은 자들에게는 모든 것이 합력하여 선을 이루느니라"(롬 8:28). 오, 우리의 믿음을 위한 얼마나 든든한 보루인가! 이 말씀을 붙들고 믿으라!

이 구절에서 하나님께서는 지금 당신에게 일어나는 바로 그 일이 그분의 계획에 꼭 들어맞는다고 말씀하신다. 그런 일들을 포함한 모든 것이 당신의 노래를 만드는 무형의 재료가 된다. 시험이 오면, 그것들을 사용하여 당신이 부르는 노래의 주제로 삼으라. 시련이 끝나기만을 기다리지 말라. 하나님을 믿고, 지체 없이 그분을 찬양하라. 잠시라도 지체하다가는 믿음을 약하게 하고 노래를 잠잠케 하는 의심과 두려움의 군대에 문을 열어 줄 수 있다.

닥친 문제에 대해 사람과 환경을 탓하며 시간을 낭비하고 믿음을 축내지 말라. 그런 문제들은 하나님께서 당신을 정련할 수단으로 친히 고르신 것이다. '범사'에 그분의 복된 손을 보고, 어떤 부차적인 원인도 받아들이지 말라.

잔느 귀용은 이렇게 말했다. "하나님의 뜻 안에서 기뻐하는 것이 행복하기만 하다면, 육에 속한 사람에게조차 쉬운 일일 것이다. 그러나 하나님의 뜻이 길을 거스르고, 기대를 꺾고, 슬픔으로 뒤덮을 때가 오면, 오직 새로워진 사람만이 그 뜻 안에서 기뻐할 수 있다."

사도 바울은 말했다. "성령으로 충만하라. 시와 찬미와 영적인 생명의 노래들로 서로 대화하고, 말과 음악으로 주님께 마음을 다해 찬양하며, 범사에 예수 그리스도의 이름으로 아버지 하나님께 항상 감사를 표현하라"(엡 5:18-20, 모팻 번역본).

찬양의 능력은 모든 지식을 초월한다. 그 아름다움과 능력이 매일 새로운 국면으로 우리 앞에 펼쳐진다. 그렇다. 찬양은 놀랍게 역사한다!

그 누구도 부를 수 없는 노래

당신의 삶이 따분하고 평범해 보이는가? 사소하고 보잘것없게만 여겨지는가? 여기 당신이 알아야 할 비밀이 있다. 당신과 나에게는 그 누구도 부를 수 없는 노래가 있다! 만약 우리가 그것을 부르지 않으면 어떻게 될까? 어쩌면 당신은 잠시 시도했지만, 너무 하잘것없어서 낙심하고 포기했다고 말할지도 모른다.

기억하라. 사탄은 당신의 노래를 몹시 싫어한다. 그는 그 노래를 잠잠케 하기 위해 모든 수단을 동원할 것이다. 우리가 각자 믿음과 찬양의 노래를 부르지 않으면, 불협화음이 생기게 된다. 마틴 루터는 이렇게 말했다. "음악은 가장 아름답고 영광스러운 하나님의 선물로서, 사탄에게는 혹독한 적이다."

이스라엘의 가장 감미로운 시편 저자인 다윗은 소년 시절 아버지의 양을 돌볼 때부터 자신의 노래를 부르기 시작했다. 이는 그가 골리앗을 무찔러 유명해지거나 이스라엘의 왕으로 기름부음 받기 훨씬 전의 일이다. 한낮의 열기와 밤의 추위 속에서, 평야와 언덕의 고독 가운데 그는 수금을 켜고 목소리를 높여 하나님을 찬양하였다. 영감을 받은 다윗의 심령에서는 모든 경험이 찬송의 주제가 되었고, 모든 행동, 모든 행위가 새로운 절이 되었다. 다윗의 노래가 결코 소멸되지 않은 것은 당연한 일이었다. 다윗이 자신의 찬송을 부르는 법을 배우지 않았다면, 우리에게 얼마나 큰 손실이었을까!

물론 다윗이 다시 살아날 수는 없다. 그러나 가장 평범한 삶도 가장 특별한 노래로 바뀔 수 있다. 당신과 나의 노래도 그렇게 될 수 있다. 그러므로 지루하고 평범한 인생을 살고 있다면, 그럼에도 불구하고 거룩한 모험을 열망하고 있다면, 당신의 노래를 부르라. 지금 시작하라! 믿음과 찬양이 당신의 삶의 불협화음을 꿈에도 생각지 못한 승리와 축복의 찬가로 바꿀 것이다.

그분의 노래가 되기 원하는가? 당신은 "노래하기에는 제 심령이 너무 무거워요"라고 대답할지도 모른다. 친구여, 예수 그리스도를 노래하는 심령은 고통을 친밀하게 알게 될 것이다. 염려의 부담에 눌려 쓰러지기 직전인가? 믿음과 찬양의 날개를 사용하라! 그러면 분명 새로워진 힘을 느낄 것이다. 당신은 달음박질하여도 곤비하지 않겠고, 걸어가도 피곤하지 아니할 것이다(사 40:31). 피곤하지도, 곤비하지도 않으시는 분께서 쓰러진 자들에게 힘을 주신다!

문제의 홍수가 영혼을 덮쳤는가? 그렇다면, 믿음의 찬양을 드리라. 하나님께서 듣기 기뻐하실 것이다. 그리고 그분께서 당신의 심령에 하시는 말씀을 들으라. "네가 물 가운데로 지날 때에 내가 너와 함께할 것이라 강을 건널 때에 물이 너를 침몰하지 못할 것이며"(사 43:2).

슬픔으로 심령이 무너지고 있는가? 눈물이 날지라도 소중한 그분을 찬양하라. 어떤 시인은 "그 눈에 눈물이 없는 영혼은 무지개를 보지 못할 것이다"라고 말했다. 기억하라. 우리 주님께서는 슬픔을 많이 겪고 질고를 아는 사람(사 53:3)이셨으며, 오직 그분만이 상심한 자들을 고치는 법을 아신다(시 147:3).

친구여, 주님의 영광이 나타나는 것을 보고 싶다면, 당신의 노래를 제물과 함께 우리 하나님께 달콤한 향기로 올려 드리라(대하 29:27). 그분께 이보다 더 받을 만한 노래나 더 좋은 향기는 없다.

화성학 수업

요즘 우리 노래 교실은 신나고 활발하게 흥얼거리고 있다. 선생님께서는 노래하는 삶을 살고자 하는 사람이라면 누구나 다른 사람과 함께 노래하는 법을 배워야 한다고 말씀하셨다! 그래서 우리는 지금 몇 시간째 합창 연습을 하며 화성학 집중 과정을 밟고 있다.

과제곡은 사도 바울이 편곡한 '더 탁월한 길'이라는 아름다운 작품이다. 우리 선생님은 이 곡이 모든 세대의 가수들이 '완벽한 노래'라 일컬은 최고의 작품이라고 하셨다. 이 작품의 주제는 거룩한 사랑이다. 이 곡에 비할 만한 다른 작품은 작곡된 바가 없다. 악보는 합창단 전체가 부르도록 편곡되었다. 그래서 우리는 화음의 신비와 복잡함을 깊이 파고 있는 중이다.

우리는 각자의 파트를 빨리 배우고 싶어 하지만, 현재 선생님께서는 계속 어려운 연습을 시키고 계신다. 그분께서는 우리가 화음을 이루는 법을 배우기 전에는 이 노래를 부를 수 없다고 매우 진지하게 말씀하셨다. 그리고 그 부분은 오직 바울에게 배울 수 있다.

각 사람은 모두 연습해야 할 악보의 복사본을 가지고 있다. 그것은 일명 '고린도전서 13장'이라 불린다. 왜냐하면 애초에 고린도 교회를 위해 만들어졌기 때문이다. 이 곡의 대가인 바울은 모든 세부사항을 완벽하게 지도한다. 일절 빠뜨리는 것 없이 그야말로 최고의 기술로 가르친다. 그는 참으로 설득력 있고 정교한 방식으로 거룩한 사랑의 훈련을 여타의 방법들과 비교해 낸다.

당시 고린도 교회에는 특정 은사와 능력을 실행하는 데만 몰두하는 사람들이 있었다. 물론 그런 것들도 매우 중요하지만, 문제는 그들 사이에 조화가 이루어지지 않았다는 것이다. 고린도 성도들은 거룩한 사랑의 연습을 소홀히 하였고, 그 결과 그들의 '음악'에는 불협화음이 많았다. 사도 바울은 이 불행한 부조화의 상황을 크게 염려하였다. 그리하여 아름다운 화음을 만들기 위한 특별한 연습법과 함께 '더 탁월한 길'을 발표하였다.

바울은 부인할 수 없는 사실들을 지적하며, 화음을 이루려면 그 어떤 방법보다 이 연습법이 훨씬 낫다는 것을 증명했다. 당신은 이보다 더 아름답고, 정교하며, 설득력 있는 주장을 들어본 적 있는가?

> 내가 사람의 방언과 천사의 말을 할지라도 사랑이 없으면 소리 나는 구리와 울리는 꽹과리가 되고 내가 예언하는 능력이 있어 모든 비밀과 모든 지식을 알고 또 산을 옮길 만한 모든 믿음이 있을지라도 사랑이 없으면 내가 아무것도 아니요 내가 내게 있는 모든 것으로 구제하고 또 내 몸을 불사르게 내줄지라도 사랑이 없으면 내게 아무 유익이 없느니라 (고전 13:1-3)

바울은 방언이나 예언이나 믿음 등을 폄하하거나 평가절하 하기 위해 이러한 대조를 한 것이 아니다. 다만 그는 거룩한 사랑이 없다면, 이 모든 것들이 무가치하다는 점을 강조한 것이다. 그리고 그는 계속해서 '더 탁월한 길'을 옹호하면서, 틀림없고 분명한 언어로 거룩한 사랑이라는 주제를 정의한다.

> 사랑은 매우 참을성이 있고, 매우 친절하며
> 사랑은 시기하지 않고
> 사랑은 자랑하지 않고

뽐내지 않으며

결코 무례하거나 이기적이지 아니하고

짜증내거나 분내지 않는다

사랑은 선한 것을 기뻐하고

언제나 잘못을 폭로하기를 더디 하고

언제나 믿어 주기를 간절히 원하며

언제나 바라며 언제나 견디느니라

사랑은 결코 사라지지 않는다 (고전 13장, 모팻 번역본)

선생님께서는 바울의 방법을 매우 세심하게 설명하시고, 다른 사람과 화음을 이루기 위한 다른 길이 없음을 납득시키셨다. 우리는 이번 수업 내용의 첫 단락을 살짝 바꾸어서 모토로 삼았다. "내가 사람과 천사의 방언으로 노래할지라도 내게 사랑이 없으면, 나의 노래는 시끄러운 징이나 울리는 꽹과리가 된다."

우리는 이 모토를 늘 가까이 두고, 자주 읽는다. 왜냐하면 이것이 화음을 완성하는 열쇠이기 때문이다. 선생님께서는 모든 가수들이 이 가르침을 통달하는 데 어려움을 겪는다고 말씀하셨다. 사실 이것은 놀랄 일도 아니다!

부지런히 연습하지 않으면, 가수의 목소리는 눈에 띄게 영향을 받는다. 귀에 매우 거슬리게 되고, 음정에서 벗어나며, 때로는 삐걱대고 갈아내는 듯 거칠고 험하게 변한다. 이런 목소리로는 누구도 예수 그리스도를 노래할 수 없다!

이런 연습에도 불구하고, 아직도 우리 사이에 자아와 죄의 불협화음이 나타날 때가 있다. 그럴 때, 우리 선생님께서 얼마나 슬퍼하시는지! 그러나 그분은 화음의 중요성과 절대적인 필요성을 끈기 있게 되풀이하신다. 우리는 잘못을 깨닫고 겸손케 되어, 더 성실하게 연습한다. 그리고 화평과 이해 가운데, 심령을 녹이는 아름다운 교제 가운데, 영과 영 사이의 달콤한 교통 가운데 불협화음은 이내 해소된다. 우리가 화음을 이루어 노래할 때, 얼마나 기쁘고 좋은가!

한편 바울은 탁월한 화성학 연습곡을 하나 더 작곡했다. 이를 연습할 때의 효과는 매우 크다. "그러므로, 그리스도와 우리의 연합 가운데 무슨 호소나 사랑의 무슨 설득력이 있거든, … 조화롭게 살고, 동일한 사랑의 생각을 품음으로써, 내 기쁨의 잔을 가득 채우고, 너희 심령을 하나로 뛰게 하고, 너희 마음을 한 목적에 두라"(빌 2:1-2, 윌리엄스역).

우리는 바울의 말을 취하여 이렇게 선포할 수 있다. "나는 아직 내가 잡은 줄로 여기지 아니하고 오직 한 일 즉 뒤에 있는 것은 잊어버리고 앞에 있는 것을 잡으려고 푯대를 향하여 그리스도 예수 안에서 하나님이 위에서 부르신 부름의 상을 위하여 달려가노라!"(빌 3:13-14)

천국에서처럼 이 땅에서

"찬양은 천국의 일이자 천국의 행복이다." 영국의 성경 주석가 매튜

헨리의 말이다. "그리고 장차 천국에 갈 모든 사람은 지금 그들의 천국을 시작해야 한다. 우리는 하나님을 찬양하고, 그분께 영광을 드린다. 그분께 필요해서가 아니라 그분께서 그것을 받기에 합당하신 분이기 때문이다."

또한 스코틀랜드의 목회자이자 신학자인 토마스 찰머스는 이렇게 말했다. "우리는 영원을 예비하며 반드시 하나님을 찬양하는 기쁨을 배워야 한다. 나는 이것이 기도를 통해 얻는 기쁨과 헌신보다 더 높은 기쁨이라고 생각한다."

이 땅에서 우리가 드리는 찬송은 천국 음악의 서곡이다. 그 영광스러운 영역에서 천상의 존재들이 부르는 찬양은 매우 아름답고, 조금의 불협화음도 없이 모든 것이 조화롭다. 이 땅에서 생기는 불협화음은 해소되지 않은 자아와 죄의 결과물이다. 만약 우리가 하는 모든 생각과 말과 행동이 소리로 바뀐다면, 다른 사람들이 무엇을 들을지 상상해 본 적이 있는가? 정말이지 정신이 번쩍 든다.

몇 번의 간단한 수업만으로는 우리의 노래를 배울 수 없다. 이것은 평생이 걸리는 일이다. 왜냐하면 그것이 인생의 노래이기 때문이다. 이는 믿음에서 나서 고난의 불로 연마되며, 고통으로 인해 더 감미로워진다.

당신의 노래와 나의 노래는 모두 독특하다. 그 누구도 그것을 부를 수 없다. 우리는 매일 매 시각 그 노래를 연습하고, 하늘 합창단과 함께 노래할 그날을 위해 리허설을 해야 한다. 그때 우리의 작은 '파트'는 하나의 영광스러운 '전체'와 조화롭게 섞이게 될 것이다(고전 13:9-10).

그분의 노래가 되기 원하는가? 영국의 비평가 H. G. 루이스는 이렇게 말했다. "성품은 환경으로부터 지어진다. 정확히 똑같은 재료를 가지고도 다른 사람이 오두막을 짓는 동안 어떤 사람은 성을 짓는다." 마찬가지로 우리가 부르는 믿음과 찬양의 노래도 모든 사람이 똑같이 사용할 수 있는 인생의 총 경험이라는 재료로 만들어진다. 이 재료들을 어떻게 사용하느냐에 따라 우리가 부르는 노래의 아름다움이 결정된다.

친구여, 찬양의 능력은 평생을 걸려도 다 찾을 수가 없다. 다만 그 가능성은 우리의 믿음, 특별히 '사랑으로 역사하는 믿음'으로 측량된다. 그 높이와 깊이와 너비와 길이를 누가 다 알 수 있을까?

찬양은 믿음의 근육을 강화시킨다. 진심 어린 찬양은 천국의 창문을 열며, 또한 우리의 눈을 열어 이 세상의 스모그 너머를 보게 한다. 찬양은 우울과 침울로부터 우리를 구출하고, 오랜 기도보다 더 빠르게 어둠의 능력을 흩어 버린다. 참된 찬양을 할 때, 우리의 마음은 하나님의 사랑으로 훈훈해지고, 우리의 영은 그분의 은혜로 달콤해진다.

찬양은 소리와 시간과 공간의 모든 장벽을 무너뜨리고, 영원의 차원으로 우리를 인도한다. 심령이 찬양으로 흘러넘칠 때, 우리의 부담은 가벼워지고, 우리의 날은 더 밝아진다. 찬양은 대립과 반대의 '여리고 성벽'을 무너뜨린다. 찬양은 인생의 불협화음을 조정하고, 거룩한 뜻에 화합되도록 우리를 조율한다. 그러나 우리가 하나님과 화합하지 못하면, 우리의 찬양은 화음을 잃고 만다.

우리는 찬양하는 자인가, 구걸하는 자인가? 우리가 주로 반복하는 구절은 무엇인가? "주님, 저를 축복해 주세요"인가 아니면 "주님, 주님을 송축합니다"인가? 우리가 찬양의 언어에 더욱 익숙해지지 않는다면, 천국에 도착했을 때 마치 이방인처럼 느껴질 것이다. 찬양은 한 영혼과 하나님을 결속시키는 벗어날 수 없는 자석이다. 이 짧은 인생에서 찬양 가운데 하나님의 임재를 경험하는 것보다 더 우리를 만족시키는 일은 없다.

사랑하는 자여, 하나님의 손길을 전혀 느끼지 못한 채 여전히 지치도록 기도만 하고 있는가? 그렇다면 기도를 찬양으로 바꾸어 보라! 지친 머리를 아버지의 가슴에 기대고, 비록 그분께서 당신을 어디로 이끄시는지 알 수도, 이해할 수도 없다 해도 그분께 사랑한다고, 신뢰한다고, 찬양한다고 말씀드려라.

그분의 노래가 되기 원하는가? 환경이 가장 어두워 보일 때, 견딜 수 없는 인생의 압박과 스트레스에 눌릴 때, 낙심이 당신을 압도하려고 위협할 때, 믿음으로 하나님께 심령을 활짝 열라. 그리고 나서 입을 크게 벌리고 그분께 찬양의 노래를 부르라!

당신은 이런 환경에서는 아무도 하나님을 찬양할 수 없을 것이라고, 그런 노래는 도저히 부를 수 없다고 생각한다. 그러나 믿음의 선진들은 그렇게 했다! 그리고 오늘날에도 수많은 사람들이 믿음을 강화하고 이 땅의 염려를 초월케 하는 찬양의 능력을 발견하고 있다.

하나님께서는 "화관을 주어 그 재를 대신하며 기쁨의 기름으로 그 슬픔을 대신하며 찬송의 옷으로 그 근심을 대신하겠다"고 약속하셨다(사 61:3). 어떻게 가능할까? 우리가 그분을 믿고, 그분의 능하신 손 아래 자신을 낮추기만 하면, 나머지는 그분께서 하실 것이다. 하나님의 기적적인 비법으로 말미암아 우리의 가장 깊은 슬픔과 가장 큰 상실이 "우리가 구하거나 생각하는 모든 것에 더 넘치는"(엡 3:20) 축복으로 바뀐다.

나는 이것이 사실임을 안다. 그리고 많은 이들도 이미 알고 있다. 우리가 믿음과 찬양의 노래를 부를 때, 하나님께서는 이 기적을 계속해서 입증하신다. 비극은 승리로 변하고, 슬픔은 노래로 바뀐다! 우리는 하나님께서 어떻게 그렇게 하시는지는 모른다. 다만 그분께서 하신다는 것만 알 뿐이다!

하나님께서 찬양하는 모든 이에게 은혜로 주시는 형언할 수 없는 사랑과 축복을 어떻게 설명할 수 있을까! 오, 열렬히 찬양할 때 우리는 자신을 하나님께 내어 드릴 것이다. 개인적으로 축복과 은총을 받기 위해서가 아니라 그분을 사랑하고 신뢰하기 때문이다. 무엇보다도 그분께서 위대하고 선하신 하나님이시기 때문에, 우리의 가장 뜨거운 찬양을 받기에 합당하신 분이기 때문이다!

하나님께서는 사랑의 경배와 감사의 찬양으로 그분께 나오는 자를 막으실 수 없다. 그분께서 주시는 축복은 우리의 모든 시련과 짐보다 훨씬 크다. 그분께서는 그리스도 예수 안에서 영광 가운데 그 풍성한 대로(빌 4:19) 우리에게 하사품을 내려 주신다. 또한 우리 아버지의 넉넉함의 척도는 우리가 구하거나 생각하는 모든 것에 더 넘치며(엡 3:20), 후히 되어 누르고 흔들어 넘칠 정도이다(눅 6:38).

그렇다. 하나님께서는 우리를 축복으로 압도하신다. 그분은 감사하는 자녀들에게 "자기(하나님)를 사랑하는 자들을 위하여 예비하신 모든 것"(고전 2:9)에 대한 비전과 영혼을 자유롭게 하는 진리와 그분의 임재(쉐키나, Shekinah)의 빛을 보여주시고, 낙원의 기쁨을 맛보게 하시며, 그분의 사랑과 은혜를 나타내는 수많은 증표들을 주신다.

하나님의 영화로운 임재 가운데 우리 영의 메마른 땅에서는 살아 있는 샘물이 솟아오르며, 우리의 광야는 열매로 가득한 정원이 된다. 그분께 사로잡힌 우리의 심령은 기쁨으로 노래한다.

오, 이제 나의 심령은 정원이라네
기쁨으로 꽃피고 노래하는 나의 심령은
환희의 정원이라네
하나님의 사랑의 낙원 안에서
하늘은 푸르게 빛나네

믿음과 찬양의 삶에는 항상 시험과 고난만 있는 것이 아니다. 우리는 끊임없이 주님의 정원으로 초대되어 그분과 마음과 마음으로 교제를 나눈다. 우리는 그분의 상에서 잔치하고, 사랑의 포도주를 나누며, 새로워진다. 우리는 단 한 시간만 있어도 모든 걱정이 사라지는 그 거룩한 임재 가운데 영원히 거하기를 사모한다. 그러나 우리는 이 낙원에서 하늘의 복을 맛보며 계속 머물기만 해서는 안 된다.

우리가 주님과 교제를 누리는 동안 무언가 놀라운 일이 일어났다. 우리의 눈이 열리고 그분의 위대한 마음이 보인다. 온 세상을 품으시는 그분의 사랑이 느껴진다. 그분의 팔은 '누구든지 원하는 자'를 받아들이기 위해 펼쳐져 있다. 우리는 모든 괴로운 영혼의 불협화음을 해소하려는 그분의 열망을 감지한다. 그리고 그분께서는 그 사랑을 나누고 그분의 변화시키는 능력을 전하고 싶은 갈망을 우리에게 전이해 주신다.

당신과 나는 나눌 만한 풍성한 축복을 가지고 있다. 이제 그 축복을 나누자! 우리는 부를 노래를 가지고 있다. 이제 그 노래를 부르자! 얼마나 많은 심령이 듣고 응답하며 기뻐하겠는가?

Chapter 6

세금인가, 헌물인가?

프란시스 메트컬프

당신의 심령의 금화를 찾아서
그 위에 선명하게 찍힌 것을 읽어라
당신의 심령의 금화를 찾아서
누구의 얼굴과 이름이 새겨져 있는지 보아라
가이사의 것인가?

그렇다면 그에게 온당한 세금으로 바치라
하나님의 것인가?
그렇다면 하나님께 속한 것을 당장 내어 드리라
세상 권력이거나 하늘 권세이거나
당신이 섬기는 권위에게 세금이나 헌물을 드리라

만약 이 세상 왕이 당신의 하나님이요 주라면,
그 잔혹하고 고된 길에 당신의 영혼을 조아리라
그러나 당신이 왕 중의 왕께 충성한다면,
가장 높은 찬양의 온전한 헌물을 그분께 바치라!

– 프란시스 메트컬프

세금인가, 헌물인가?

그때에 가이사 아구스도가 영을 내려 천하로 다 호적하라(be taxed, 조세 등록을 하라) 하였으니 … 모든 사람이 호적하러 각각 고향으로 돌아가매 요셉도 다윗의 집 족속이므로 갈릴리 나사렛 동네에서 유대를 향하여 베들레헴이라 하는 다윗의 동네로 그 약혼한 마리아와 함께 호적하러 올라가니 마리아가 이미 잉태하였더라 거기 있을 그때에 해산할 날이 차서 첫아들을 낳아 강보로 싸서 구유에 뉘었으니 이는 여관에 있을 곳이 없음이러라 (눅 2:1-7)

이렇게 이스라엘이 압제자의 발뒤꿈치 아래 깨어지고 부서지던 때에, 그들이 수세기 동안 기다려 왔던 일이 일어났다. 삼키는 자 마귀는 이스라엘 민족을 약탈했다. 강제 징수자 마귀는 그의 값을 주장하고 있다. 이 세상 임금 마귀는 로마를 통하여 하나님의 선택된 백성에게 가혹한 세금을 징수한다. 영광스러운 예언의 주인공인 다윗의 왕국은 무너져 버렸다. 유대 민족은 하나님께서 약속하신 주권을 행사하기는커녕, 로마 집정관의 권세 아래 엎드렸다. 아, 하나님의 왕권의 도시인 예루살렘은 이방인 통치자의 말과 병거에 더럽혀지고 말았다! 또한 하나님께서도 이스라엘의 신실한 남겨진 백성들을 원수의 손아귀로부터 기적적으로 구출하는 자비를 베풀지 않으셨다. 그들은 혈족의 반역자요, 불충자들과 똑같은 세금으로 고통받았다.

선의를 가진 대다수 하나님의 자녀들이 믿는 바와 달리, 주님의 선택받은 자들이 하늘의 택정과 은총 덕으로 환난이나 고통을 면제받은 적은 단 한 번도 없다. 이스라엘 역사를 통틀어, 하나님의 축복과 은총을 받은 사람들은 가장 큰 반발과 반대를 견뎌 왔다. 그리고 은총 받은 사람 가운데 가장 크게 영광을 받았던 두 사람도, 로마의 소환에 순종하여 나사렛에서 베들레헴까지 여행을 하였다.

마리아를 보라. 선지자가 예언한 동정녀, 다윗 왕가 혈통의 은총을 받은 딸! 모든 세대가 그녀를 복되다 할 것이다! 그리고 요셉을 보라. 하나님께서 마리아에게 주신 약혼자이자 보호자, 다윗 집안의 자손! 그러나 이 두 사람은 흙먼지 날리는 길을 걸어가는 여행자들 사이에서 전혀 눈에 띄지 않는다. 옛 선조들이 여호와의 거룩한 절기를 지키기 위해 예루살렘으로 가던 길 위에서 그랬듯이 그들에게는 아무런 노래도, 기쁨도 없었다. 모든 것이 영의 중압감이자 괴로움일 뿐이었다.

목적지를 향한 길고도 고통스러운 여정 가운데 요셉과 마리아에게 무슨 일이 있었으며, 그들이 어떤 생각을 하고 어떤 감정을 느꼈는지 성경은 전혀 기록하지 않는다. 그러나 우리가 묵상할 때, 성령께서는 그들의 마음을 조금이나마 엿볼 수 있도록 허락하실 것이다. 요셉에게는 큰 걱정과 책임의 시간이었다. 여행하기에 그 얼마나 부절적할 때인가! 마리아와 그녀의 필요에 세심한 정성을 쏟던 요셉은 여행을 해야 하는 이런 상황이 안타깝고 화가 나기까지 했을 것이다. 지금쯤 그녀는 집에서 소박하고 친숙한 안락을 누리고 있어야 했다. 그랬다면 친절한 이웃과 친구들의 도움으로 그녀의 짐도 덜어졌을 것이다.

요셉은 이따금 다정한 눈길로 마리아의 안색을 살피며, 임박한 진통의 기미를 감지하려고 했다. 그들 사이에 많은 말이 오가지는 않았을 것이다. 아마도 격려하는 눈길만 가끔 주고받고는, 각자의 묵상에 전념했으리라. 요셉은 약혼 이후 지난 몇 달간의 경험을 회상했을지도 모른다. 그들의 결혼을 둘러싸고 놀라움과 기쁨, 수치와 고통이 뒤섞인 의심과 두려움의 시간이 흘렀다. 세상에 그런 결혼은 없었다!

요셉은 생각했다. '어떻게 이런 일이 있을 수 있을까? 내 곁에 있는 이 작고 연약하고 온유한 사람이 오래전부터 약속된 우리 민족의 구원자이자 속량자가 될 아이를 낳는다니! 그렇지만 엘리사벳이 "여자 중에 네가 복이 있으며 네 태중의 아이도 복이 있도다"라고 말하지 않았는가?'

그들은 간간히 길을 멈추고 짐승을 쉬게 했다. 그럴 때 요셉은 동료 여행자들과 친근하게 대화를 나누었을 것이다. 공손하고 친절한 태도로 그들이 사는 동네의 소문을 경청하기도 하고, 가뭄과 부족한 식량에 대한 불만, 어려운 시기에 대한 풍문, 점점 무거워지는 세금에 대해서도 들었을 것이다.

세금! 이 단어가 북소리처럼 그의 가슴을 때렸다. 세금 … 세금 … 세금! 길을 걷는 나귀의 발걸음마저 그 소리에 장단을 맞추는 듯했다. 이 무시무시한 단어는 이스라엘 백성이 이방인 왕 아래 겪은 수세기의 압제와 노예 생활을 떠올리게 했다. 이스라엘 백성이 세대를 거쳐 원수의 먹이로 살아온 지난 세월이 그에게는 참으로 기이하게 여겨졌다!

요셉은 바벨론과 그곳에서의 오랜 억류와 황폐한 세월을 생각했다. 이스라엘 민족의 침입자요, 강탈자인 블레셋 사람들도 떠올랐다! 물론 더 어두웠던 애굽 땅에서의 노예 생활도 생각하지 않을 수 없었다! 바로의 채찍 아래 가혹한 노동과 과세에 시달렸던 그 400년! 이스라엘은 한낱 저승의 소처럼 비참한 노예 신세에 처했었다!

요셉은 생각했다. '그때는 그들이 회복되기 직전의 가장 어두운 때였다. 하나님께서 모세를 통하여 얼마나 위대한 구출을 행하셨는가! 하나님께서는 그분의 백성을 버리지 않으셨다! 그분께서는 그들의 조상에게 하셨던 약속을 기억하시고, 구원자를 일으켜 속박의 땅에서 그들을 인도해 내셨다. 그분의 자비와 인자하심이 얼마나 큰가! 그렇다면 모세가 어려서부터 저절로 기적적인 방법으로 죽음을 피했던가? 아니다. 그에게는 왕의 징벌을 두려워하지 않았던 어머니가 있었다! 그의 어머니!

요게벳, 은총 받은 여인! 그녀의 아기는 백성을 구출하는 자가 되었다. 그녀의 아기가…'

생각 중에 마리아를 언뜻 바라보니, 얼굴에서 의기양양한 기쁨이 흘러넘치고 있었다! 요셉의 가슴 속에서 말씀이 다시 불타올랐다. "다윗의 자손 요셉아 네 아내 마리아 데려오기를 무서워하지 말라 그에게 잉태된 자는 성령으로 된 것이라"(마 1:20).

함께 여행하는 동안, 마리아도 많은 것을 깊이 생각했다. 메마른 언덕과 흐린 하늘에는 거의 눈이 가지 않았다. 그녀를 둘러싼 모든 것이 비현실적이고, 낯설고, 분리된 듯 여겨졌다. 여행자들의 목소리, 짐승의 간헐적인 울음소리, 그것들의 목에 달린 방울이 딸랑거리는 소리. 모든 것이 뒤섞인 불협화음을 반주 삼아 그녀의 심령은 다시 노래하였다. "능하신 이가 내게 큰 일을 행하셨으니 내 영혼이 주를 찬양합니다."

그녀는 생각했다. '이해할 수 없는 일이지만, 이제 곧 나의 아들, 내 사랑스러운 아들이자 가장 높으신 분의 아들을 보게 되리라! 곧 내 두 손으로 그를 만지고 입힐 것이다. 내 두 팔이 그를 품에 안으리라. 오 나의 주님, 지금 제게 힘을 주세요! "마리아여 무서워하지 말라. 네가 하나님께 은혜를 입었느니라." 오, 나는 천사가 한 말을 절대 잊어서는 안 된다. 절대 두려워해서는 안 된다. 때가 임박하였다. 우리는 베들레헴으로 계속 가야만 한다. 오, 우리 조상 다윗의 성으로! 선지자가 말하지 않았는가? "너 베들레헴아, 너는 작은 족속이지만 이스라엘을 다스릴 자가 네게서 나올 것이다"(미 5:2). 이스라엘을 다스릴 자! 다윗의 왕좌에 앉을 왕? 우리가 기꺼이 존경과 헌물을 바칠 왕이 되는 것인가? 헌물 … 헌

물 … 헌물.'

이 단어가 그녀의 마음을 때렸다. 그리고 멀리서 은 나팔의 메아리가 들려오는 듯했다. 주님께 찬양하라는 외침! '그때가 되면 우리 조상 다윗의 때처럼, 그분의 찬양이 영화롭게 될까? 그때가 되면 그분께서 우리의 모든 원수들을 진압하실까?' "그분께서는 권세 있는 자를 그 위에서 내리치셨으며 … 그의 팔로 힘을 보이셨다"(눅 1:52, 51).

마침내 그들은 베들레헴 변두리에 도착했다. 마리아는 생각했다. '바로 이 근처가 베냐민이 태어났던 곳이다. 라헬이 아기를 낳고 마지막 숨을 거두었던 그곳이다. 오, 이스라엘의 어머니, 당신을 높입니다! 이스라엘의 모든 어머니들을 높입니다. 나 또한 곧 이스라엘의 어머니가 되려고 합니다. 엘리사벳이 뭐라고 했던가? "내 주의 어머니!" 오, 하나님, 어떻게 이런 일이 있을 수 있나요?'

성경에는 요셉과 마리아가 낸 세금에 대해서 더 이상 언급이 없다. 그러나 마리아가 기대하던 귀한 헌물이 드려진 순간에 대해서는 상당 부분을 할애한다. 하늘이 아기 왕께 절하고 빛나는 영광을 드렸던 그 경이로운 밤에 대한 이야기를 우리는 모두 잘 알고 있다.

하늘에서는 다른 어떤 별보다 반짝이는 그분의 별이 최고의 찬미를 발하였다! 천사들은 하늘로부터 "높이 계신 주께 영광을!"(Gloria In Excelis Deo)이라고 합창하며, 사람들과 함께 살고자 내려오신 주님으로 인해 이 땅을 평화로 축복하였다! 그리고 천사의 노래를 들은 목자들이 찾아와 겸허한 경배를 드렸다!

마리아의 품에 안긴 하늘의 아기에게 그들이 사랑과 감사와 경배의 헌물을 바칠 때, 요셉과 마리아는 그저 놀랐다. 그리고 나중에 동방박사들이 값비싼 황금과 유향과 몰약을 가지고 아기를 경배하러 왔을 때, 요셉과 마리아의 기쁨은 완전해졌다. 그들이 애초에 베들레헴으로 올라온 것은 가이사에게 조세를 등록하고 납부하기 위해서였다. 그런데 그들은 하나님의 말씀을 성취하기 위해 더 남아 있었고, 왕 중의 왕께 가장 귀한 헌물을 드렸다!

2부

우리 구주가 나신 그 놀라운 밤으로부터 수세기가 지났다. 그리고 사람들은 여전히 세금을 내고 헌물을 바친다. 세금, 헌물! 계속해서 왕좌와 왕국들이 무너지고, 새로운 나라들이 탄생했다. 그러나 민주주의와 자유에 대한 온갖 공론에도 불구하고, 우리는 계속 늘어만 가는 과세의 시대를 살고 있다. 부담은 파도처럼 점점 높아지며, 모든 국가의 안보를 위협하고 있다. '이 세상 임금'이 또 온 세상에 조세등록을 하라는 칙령을 내린 것이 분명하다!

그러나 이것은 전부 하나님의 자녀들에게 징수되고 있는 영적 세금을 나타내는 표적일 뿐이다. 그들은 여느 세상 사람처럼 어둠의 압제로 고통받고 있다. 그들이 하늘을 향해 얼마나 울부짖고 있는가! 박해, 억압, 질병, 고통, 곡절, 가난, 사탄의 악한 궤계, 이 모든 것들이 의인을 잔인하게 괴롭힌다.

욥에게 그랬듯이, 하나의 재앙이 끝나기가 무섭게 이내 또 다른 재앙이 닥쳐온다! 그들은 파도를 넘어서기 위해 기도하고 분투하며 안간힘을 쓰지만, 이루어지는 것은 소소한 구원뿐이다. 그럴 때 그들은 욥이 그랬듯이 선택받은 자가 겪는 고통의 비밀을 깊이 생각하게 된다. 낙담과 비난을 맛본 후, 그들은 마침내 이렇게 말하게 된다. "내가 알기에는 나의 대속자가 살아 계시니 … 그가 나를 단련하신 후에는 내가 순금같이 되어 나오리라"(욥 19:25, 23:10). 일곱 배로 뜨겁게 달궈진 불에서 정련된 순금같이! "너희가 욥의 인내를 들었고 주께서 주신 결말을 보았거니와 주는 가장 자비하시고 긍휼히 여기시는 이시니라"(약 5:11). 욥이 결국 얼마나 많은 보상을 받고 부유해졌는가!

하나님의 말씀은 마지막 때 경건한 자들이 받는 고난이 더 커질 것이라고 분명히 밝힌다. 베드로는 말세의 사람들에게 고난을 대비하여 무장하라고 분명하게 경고하였다. 그는 극심한 시련의 때, 즉 무거운 과세의 때가 올 것을 말한다! "믿음에 확고한 발판을 지키라. 세상에 있는 나머지 형제들과 동일한 고난의 세금을 내기를 배우라"(벧전 5:9, 모팻 번역본). 그러나 '위대한 은혜'와 구원의 썩지 않을 유업이 눈에 보이게 나타날 때도 올 것이라고 말한다. "그런 까닭으로 크게 기뻐하는도다 … 말할 수 없는 영광스러운 즐거움으로 믿음의 결국을 받음이라"(벧전 1:6-9).

또한 이런 말도 한다. "너희는 택하신 족속이요 왕 같은 제사장들이요 … 이는 너희를 어두운 데서 불러내어 그의 기이한 빛에 들어가게 하신 이의 아름다운 덕(praises)을 선포하게 하려 하심이라"(벧전 2:9). 그는 환난을 헌물의 때로 바꾸어 불 한가운데서도 하나님께 찬양과 영광을 드리라고 거듭 말하고 있는 것이다!

사도 바울도 마지막 때에 관하여 비슷한 맥락의 말을 했다. 그는 신실한 자들에게 언제나 기뻐하며, 하나님께 온전한 찬양의 헌물을 바치라고 권고한다. 이 가벼운 환난이 결국 지극히 크고 영원한 영광의 무거운 것을 우리에게 이루게 함이니, 우리가 주목하는 것은 보이는 것이 아니요 보이지 않는 것이 아니겠는가?(고후 4:17-18)

우리가 받는 시험과 환난과 시련은 다 하나님을 영화롭게 하고, 그분께 진심 어린 찬양을 드리며, 그 이름을 찬미하고 높일 기회다. "모든 것을 기쁨으로 여기라!" 우리가 그렇게 하지 못함으로써 놓친 기쁨이 얼마나 많은가? 우리의 돈을 왕께 드린다는 것이 얼마나 복된 일인가? 하나님께서는 후히 주는 자를 사랑하신다!

우리가 하나님께 찬양의 헌물을 드리지 않는다면, 틀림없이 원수에게 세금을 내고, 마지막 한 푼까지 빼앗기게 될 것이다! 의심, 두려움, 자기 연민, 질투 및 그 외 굳이 열거하지 않은 부정적인 생각과 말과 감정들이 사탄의 금고를 채우는 풍부한 세금이 된다. 성도들이 사탄이 하는 일에 대해 한탄할 때, 그는 그 말들을 포식하며 살이 오른다! 살아 계신 하나님의 교회 가운데서 사탄의 힘이 이런 식으로 얼마나 번성하고 있는지!

그러나 마지막 때가 얼마나 중요한지를 깨달은 '신실한 남은 백성'이 있다. 그들의 심령은 마침내 재림으로 완성될 우리 주님의 영광스러운 출현과 나타나심을 소망하며 불타고 있다. 그들은 자신이 어둠의 왕국에서 빛의 왕국으로 옮겨진 것과 더 이상 이 세상 임금에게 세금을 낼 필요가 없다는 것을 완벽하게 알고 있다! 그들 심령의 동전은 불로 정련된 믿음의 순금으로 주조되었다. 이 동전에는 왕 중 왕의 얼굴과 이름이 새겨져 있다. 그들은 그것을 찬양의 노래와 승리의 함성으로 아낌없이 드리며, 그분의 고난에 동참할 특권을 받은 것에 크게 기뻐한다.

'불평하는 이스라엘' 민족은 하나님께 온전한 예배와 찬양의 헌물을 드리는 데 실패함으로써, 원수의 손아귀에 잡혔다가 구출되기를 수세기 동안 반복했다(신 28:47-48 참조). 그러나 마지막 때의 신실한 남은 백성은 그런 운명에 처할 필요가 없을 것이다.

이러한 남은 백성 중에는 스가랴(여호와께서 기억하신다는 뜻)처럼 "주의 성전에서 분향하고 기도하는" 동안 하늘의 방문(heavenly visitation)을 경험하는 사람도 있다. 그러나 때로는 들은 것을 의심하여 말을 못하게 되기도 한다. 그러나 몇 주의 침묵과 기다림이 지난 후, 드디어 입이 열리고 자신이 보았던 주님의 나타나심에 대한 표적과 전조를 예언한다. 그들은 위로부터 오신 돋는 해의 빛 가운데 기뻐하며, 그분의 속량 가운데 즐거워한다.

그리고 그중에는 하나님께서 사랑하신 엘리사벳(하나님의 맹세) 같은 사람도 있다. 다른 사람들이 번성하고 열매 맺을 때, 그들은 오랜 세월 자신을 불임으로 알고 지냈다. 기도와 헌신에도 불구하고, 수치와 낙담만이 그들의 몫이었다. 그때 예기치 않게 하늘의 방문을 받는다! "잉태하지 못하며 출산하지 못한 너는 노래할지어다 … 너는 외쳐 노래할지어다"(사 54:1). 활기와 도약, 강력한 성령 충만이 내면에서 일어난다. 그리고 말씀, 즉 경이의 노래가 입술에서 샘솟는다!

기도의 서원을 매일 지켜 온 안나(은혜) 같은 신실한 심령도 있다. 이러한 주님의 과부들은 얼마나 복이 있을까! 그들은 머지않아 하나님을 두 눈으로 보게 될 것을 너무나 잘 알고 있다. 그들은 지금도 소리 내어 찬양하고 있다!

그리고 시므온(듣다)같은 사람도 있다. 그들은 위에서 오는 말씀을 들을 귀를 가진 자로서, 믿음과 경배 가운데 깨어 있다. 그들은 '의롭고 경건하여' 이스라엘의 위로를 기다리며, 성령께서 그들 위에 계신다. 그들은 주님의 위대한 구원을 볼 것이라고 온전히 확증받았다.

또한 성령께서는 사람의 자손 중에서 요셉과 같은 심령을 가진 자를 찾으신다. 하나님의 뜻에 헌신된 열정과 온유한 영의 사람. 그들은 형제의 비난과 오해 가운데 '동지 없는' 길로 가게 될지라도, 하나님의 부르심을 따른다. 여기에는 모두 무거운 고난의 세금이 따른다! 그러나 그들은 주님께서 그분의 몸 된 지체를 입고 나타나실 빛나는 마지막 때로 향하는 여정을 기쁨으로 여긴다.

마리아는 어떠한가? 모든 여인 중에 유례없는 은총을 받은 나사렛의 작은 여종에게 영예를 돌리며, 마지막 때에도 우리 아버지께서 그 같은 심령을 찾으신다고 감히 말할 수 있을까? 그렇다. 우리는 기쁨으로 선포한다! 그리고 그분께서는 여인들 가운데 마리아와 같은 헌신으로 그분께 자신을 드리기 열망하는 사람을 찾으셨다. 그들의 헌신을 나타내기에 마리아가 했던 말보다 더 적합한 것은 없을 것이다. "주의 여종이오니 말씀대로 내게 이루어지이다"(눅 1:38).

이들에게는 수치와 비난과 반대와 괴로움이라는 가혹한 세금이 부과된다. 하나님의 정하신 때를 향한 여정에서 그들도 분리되고 배척당하는 길을 걷게 될 것이다. 세금인가, 헌물인가? 그들은 하나님께 복종한 것에 대한 대가를 생각하지 않는다. 그들은 내주하시는 주님의 임재의 경이로움에 빠져 있으며, 또한 그분께서 곧 사람들 가운데 나타나실 것에 대한 살아 있는 소망에 사로잡혀 있다.

여정을 계속하는 동안 그들의 심령은 경배 가운데 고양되고, 그들의 목소리는 마리아의 송가를 부르며 환희로 솟구친다! 그들은 이 땅에서 육신을 입고 살아가는 하나님의 찬양이 된다. "주께서 하신 말씀이 반드시 이루어지리라고 믿은 그 여자에게 복이 있도다"(눅 1:45).

Chapter 7
하나님의 어린 양

프란시스 메트컬프

세상 죄를 지고 가시는 하나님의 어린 양을 보라!

그러므로 너희 마음의 허리를 동이고 근신하여 예수 그리스도께서 나타나실 때에 너희에게 가져다 주실 은혜를 온전히(to the end) 바랄지어다 너희가 순종하는 자식처럼 전에 알지 못할 때에 따르던 너희 사욕을 본받지 말고 오직 너희를 부르신 거룩한 이처럼 너희도 모든 행실(대화)에 거룩한 자가 되라 기록되었으되 내가 거룩하니 너희도 거룩할지어다 하셨느니라 외모로 보시지 않고 각 사람의 행위대로 심판하시는 이를 너희가 아버지라 부른즉 너희가 나그네로 있을 때를 두려움으로 지내라 너희가 알거니와 너희 조상이 물려준 헛된 행실(생활 습관)에서 대속함을 받은 것은 은이나 금같이 없어질 것으로 된 것이 아니요 오직 흠 없고 점 없는 어린 양 같은 그리스도의 보배로운 피로 된 것이니라 그는 창세전부터 미리 알린 바 되신 이나 이 말세에 너희를 위하여 나타내신 바 되었으니 너희는 그를 죽은 자 가운데서 살리시고 영광을 주신 하나님을 그리스도로 말미암아 믿는 자니 너희 믿음과 소망이 하나님께 있게 하셨느니라 (벧전 1:13-21)

위 구절은 말세에 나타내기로 예비하신 구원을 얻기 위하여 믿음으로 말미암아 하나님의 능력으로 보호하심을 받은 자들을 위해 기록되었다(벧전 1:5).

이 장의 내용은 성령께서 영감으로 주신 것이다. "예수의 증언은 예언의 영이라"(계 19:10). 먼저 이번 장을 읽을 때, 부디 대부분의 내용이 수십 년 전에 기록된 것임을 기억해 주기 바란다. 그러나 안에 담긴 내용은 그때나 지금이나 참되다. 아니, 어쩌면 지금 더 필요할지도 모른다. 왜냐하면 지금 우리는 마지막 때에 약속된 '더 큰 일들', 즉 기적과 표적과 이사가 계속 증가하는 것을 보고 있기 때문이다.

하나님께서는 그릇을 준비하셔야 했고, 현재 그 일부가 시작되었다. 우리는 원수의 증가된 공격에 직면하여 우리 안에 그분의 승리를 풀어

놓았다. "근신하라 깨어라 너희 대적 마귀가 우는 사자같이 두루 다니며 삼킬 자를 찾나니 너희는 믿음을 굳건하게 하여 그를 대적하라 이는 세상에 있는 너희 형제들도 동일한 고난을 당하는 줄을 앎이라"(벧전 5:8-9).

우리는 십자가의 메시지, 즉 자아에 대하여 죽고 개인의 만족을 채우는 모든 갈망에 대하여 죽는 메시지가 대중적인 주제가 아님을 알고 있다. 그러나 사도 바울은 이를 필수 요소로 보고 다음과 같이 말했다. "내가 그리스도와 함께 십자가에 못 박혔나니 그런즉 이제는 내가 사는 것이 아니요 오직 내 안에 그리스도께서 사시는 것이라"(갈 2:20). 오, 이것이 우리 각자의 삶 가운데 참이 되어 그분께서 영광 받으시기를 바란다.

예수께서 살아 계시네, 그분은 영원히 사시네
살아 계신 예수님이 문 앞에 서 계시네
그분의 때가 임박했으니
곧 그분께서 나타나시리
예수께서 살아 계시네!
- 마리안 픽카드

〈 십자가 아래서 〉

십자가 아래서
그들이 서 있었네
애도하는 자와 조롱하는 자
그분의 친구와 적

그분을 사랑하는 자와 멸시하는 자들이

그 끔찍한 광경

거룩한 희생자의 극심한 고통

하나님의 어린 양을 올려다보며 있었네

그들은 가만히 보았네

누군가는 비웃었고, 누군가는 조롱했고

그들이 저주할 때 누군가는 믿었네

그분께서 겸손하게 취하셨던

그 육신을 낳았던 사람은

그분을 사랑하는 또 다른 자의 슬픔으로

에이는 가슴에 기대어 섰네

이들 두 사람

그리고 소수만이

바라보고 알았네

깨어지고 피 흘리는 심령

그 깊은 곳의 순교자의 고통을

그들은 그분과 함께

아버지께 자신을

영원한 번제로 드렸네!

십자가 아래서

그들은 서서 바라보았네

그러나 하늘은 바라볼 수 없었네

너무나 끔찍한 그 장면

땅이 볼 수 없던 것도

하늘은 보았기에

불멸의 아버지는 보셨네

영원한 아들 위에

세상 죄가 놓인 것을!

아들이 죄가 되는 것을 보셨네

아버지는 보셨네

거룩한 진노의 공포와 의분이

아들 위에 퍼부어진 것을!

이 엄청난 광경에 거룩한 천사들은

경악하여 얼굴을 떨구네!

그리고 죽음과 같은 침묵이

겉옷처럼 하늘을 덮었네

그 끔찍한 순간에

아버지께서 얼굴을 돌리시자

하늘 입구도 같이 돌아서고 닫혀 버렸네

고통으로 망가진 얼굴 앞에 닫혔네

언제나 불멸의 사랑으로

아버지만을 바라보던 그 눈앞에 닫혔네

자신의 얼굴을 가리는 것 외에

태양이 무엇을 할 수 있었겠는가

땅조차도 마구 흔들리고

지축이 휘청거렸네!

그리고 어둠의 권능이 다스렸네

지옥에서처럼 이 땅에서!

그때는 그들의 때였다네

그분께서 예언하셨듯이

가장 어둡고 광기 어린 때!

수세기가 흐른 오늘날에도

세상은 여전히 십자가 아래 서서

천사들은 차마 못 볼

그 장면을 바라보네

거기에는 여전히 애도하는 자와 조롱하는 자

그분의 친구와 적이 있으며

그분을 사랑하는 자와 비웃는 자가 있네

누군가는 여전히 조소하고 저주하고

다른 사람들은 무관심하네

그러나 소수는 예전처럼 믿고 있다네

열렬한 사랑으로 그분의 발에 엎드려

그분과 함께 기도하며

쓴 잔을 마시리라

그리고 그분과 함께 영원한 번제로

아버지께 자신을 드릴 때,

깨어지고 피 흘리는 심령의

고통이 따르는 행복을 알리라

– 프란시스 메트컬프

유월절 전에 예수께서 자기가 세상을 떠나 아버지께로 돌아가실 때가 이른 줄 아시고 세상에 있는 자기 사람들을 사랑하시되 끝까지 사랑하시니라 (요 13:1)

그의 입을 열지 아니하셨도다

우리 주님의 입에서 나오는 모든 말은 하나님의 두나미스(dunamis)로 가득하여 양날 선 검보다 빠르고 강하고 날카롭다. 그러나 그분께서는 훨씬 강력한 무기를 가지고 이 땅에서의 가장 위대한 전투를 이기셨다. 그것은 바로 숭고하고 장엄한 침묵이었다!

그가 곤욕을 당하여 괴로울 때에도 그의 입을 열지 아니하였음이여 마치 도수장으로 끌려가는 어린 양과 털 깎는 자 앞에서 잠잠한 양같이 그의

입을 열지 아니하였도다 (사 53:7)

　주님께서는 제자들에게 깊고 경이로운 것들을 말씀하셨다. 그분은 그들을 따로 부르사 마지막 지시와 가르침을 전하셨다. 그분의 입술에서 은혜와 진리가 생명샘처럼 부어졌다. 왕국의 깊은 비밀과 아버지의 영원한 목적을 말씀하실 때, 그분의 심령은 불타올랐다.
　그러나 그분의 가장 가깝고 소중한 사람들은 당혹감과 두려움을 느꼈다. 그들은 깊은 뜻을 이해하지 못한 채, 의심하는 마음과 무딘 심령으로 주님의 말씀을 들었다. 주님께서 얼마나 그들에게 모든 것을 말해 주고 싶고, 하나님의 계획을 다 선포하고 싶으셨겠는가? 그러나 그분께서는 다만 이렇게 말씀하실 수밖에 없었다. "지금은 너희가 감당하지 못하리라"(요 16:12). 그런 후에 그분의 입술에서 어두운 예감을 불러일으키는 낯선 말들이 나오기 시작했다.

　　이후에는 내가 너희와 말을 많이 하지 아니하리니 이 세상의 임금이 오겠음이라 그러나 그는 내게 관계할 것이 없으니 (요 14:30)

　십자가의 길을 간 모든 제자들이 그러했듯이 우리 또한 갈보리 언덕에 이르는 길을 줄곧 따르다 보면, 침묵하고 아무런 대답도 하지 말아야 할 때가 온다. 그때는 말이 아무런 도움이 되지 않는다. 어쩌면 우리도 오래전 주님께서 들으셨던 것과 비슷한 말을 들을지 모른다. "너는 아무 대답도 없느냐 이 사람들이 너를 치는 증거가 어떠하냐"(막 14:60).

그 순간 우리가 하나님의 어린 양과 같은 본성을 가지고 있다면, 참으로 침묵할 것이며(마 26:62-63) 참으로 그렇게 해야만 한다. "그러므로 이런 때에 지혜자가 잠잠하나니 이는 악한 때임이니라"(암 5:13).

"나는 그분과 함께 그 동산으로 가네
나는 그분과 함께, 줄곧 그분과 함께 가네."

우리는 이 노래를 자주 부르면서도, 그리스도께서 소중한 자들을 데리고 기도하시던 바로 그 동산에서 사랑하시던 제자의 손에 잔인하게 배신당하셨다는 사실을 잊곤 한다. 주님을 가까이 따르던 제자 세 명만이 주님과 함께 기도하러 갔다. 그러나 이들조차도 주님께서 땀방울이 핏방울이 될 정도로 악에 맞서시던 가장 중대한 때에 잠이 들어 버렸다. 그러나 그분께서는 어떤 호된 말도 하지 않으셨다. 크게 실망하셨음에도, 친절하게 책망하셨다.

극심한 고통의 때에도 주님께서 제자들에게 나타내셨던 은혜를 아주 조금이라도 이해한다면, 우리는 경탄하고 심지어 눈물을 흘리게 될 것이다! "자기 사람들을 사랑하시되 끝까지 사랑하시니라"(요 13:1). 주님께서는 제자들의 이기심과 교만, 부족한 믿음, 태만에도 불구하고 그들을 사랑하셨다. 그분께서는 인간적인 약함과 실패에도 불구하고 그들을 사랑하셨다.

그럼에도 그들에 대한 기록은 다음과 같다. "제자들이 다 예수를 버리고 도망하니라"(막 14:50). 그러나 주님께서는 그들을 끝까지 사랑하셨다. 기뻐하고 감사드리자. 오늘날 이 어두운 때에 주님께서는 그분의 소유인 우리를 사랑하시되, 끝까지 사랑하신다!

우리가 십자가의 길을 걷고 있다면, 유다 같은 자와 마주치더라도 놀라지 말아야 한다. 이러한 배신과 배반의 위기를 하나님의 아들의 온유하고 인내하는 영으로 마주할 준비가 되어 있는가? 그런 사람의 눈을 들여다보며 진정으로 이렇게 말할 수 있을까? "친구여 네가 무엇을 하려고 왔는지 행하라"(마 26:50). 성령께서 대답하신다. "이런 배신과 고소와 판단을 통과하여 주님을 따를 수 있는 사람은 매우 적다."

거짓과 위선과 기만은 우리 영혼에 너무나 쓰라린 고통을 준다. 그러나 기록되기를, 바로 오늘날에 "심지어 부모와 형제와 친척과 벗이 너희를 넘겨주어 너희 중의 몇을 죽이게 하겠고"(눅 21:16), 사람의 원수가 자기 집안 식구가 될 것이라 하셨다(마 10:36).

다윗은 이러한 쓴 잔을 맛보았다. "나를 책망하는 자는 원수가 아니라 원수일진대 내가 참았으리라 나를 대하여 자기를 높이는 자는 나를 미워하는 자가 아니라 미워하는 자일진대 내가 그를 피하여 숨었으리라 그는 곧 너로다 나의 동료, 나의 친구요 나의 가까운 친우로다 우리가 같이 재미있게 의논하며 무리와 함께하여 하나님의 집 안에서 다녔도다"(시 55:12-14).

우리가 속한 핵심 무리 가운데, 또한 자연적인 가족이나 영적인 가족 중에서 우리의 적이 나타나는 것은 필연적인 일이다. 우리가 깊이 사랑하고 우리를 잘 아는 사람만이 종교적인 원수의 손에 우리를 팔아넘길 수 있기 때문이다. 우리는 그들로부터 시기와 야망과 탐욕의 쓴 잔을 넘겨받고 죽음의 고통을 일으키는 입맞춤을 받게 된다.

누가 이런 일들을 감당할 수 있을까? 그런 때에도 그들을 친구라 부를 수 있을 정도로 하나님의 아들의 영에 완전히 사로잡혀 있는가? 우리 주님처럼, 또한 초대교회의 성도들처럼 "이 죄를 그들에게 돌리지 마옵소서"(행 7:60)라고 말할 수 있는가? 침묵하며 숭고한 정적 가운데로 들어갈 수 있는가?

하늘과 땅이 우리의 영혼이 받는 시련을 증거한다. 우리는 한낱 인간적인 힘으로는 견딜 수 없다. 하나님과 사람의 눈에 배신자보다 더 가증스러운 것은 없다. 정직하고 솔직한 자는 원수라도 존중할 만하지만, 기만적이고 비겁한 배신자는 경건한 자의 심령에 투지를 불러일으킨다. 배반에 따르는 박해도 쓰라리기는 마찬가지다. 왜냐하면 박해는 당대의 종교 지도자들에 의해 이루어지기 때문이다. 우리 주님을 가장 모질게 박해한 원수도 종교 지도자들이었다.

어느 시대에나 주님을 따르는 사람들은 갈보리 언덕으로 가다가 어디선가 멈춘 사람들과 고투를 벌이게 된다. "질투는 스올같이 잔인하며 불길같이 일어나니 그 기세가 여호와의 불과 같으니라"(아 8:6). 이러한 질투의 불길이 순교자를 태운 장작에 불을 붙였을 뿐 아니라 여전히 타올라서 파괴하고, 집어삼키고, 황폐하게 만들고 있다.

모든 영혼은 잠재적인 요한이거나 유다라는 말이 있다. 이 말이 진짜일지는 모르지만, 일찍이 한 유명한 성인은 이렇게 말했다고 한다. "나는 한 영혼 한 영혼에 대해, 그가 이 땅에서 가장 그리스도를 닮은 영혼이 될 것처럼 수고한다. 그러나 나는 지혜롭게 분별하며 일한다. 왜냐하면 그 영혼이 나를 무너뜨리기 위한 사탄의 가장 날카로운 도구가 될 수 있음을 알기 때문이다." 이는 잔느 귀용의 말이다. 그녀가 한 영혼을 위해 수고하고 고생할 때, 때로 성령께서 그 사람이 훗날 그녀를 비난하며 공격하고 매도할 것이라고 알려 주셨다. 그럼에도 불구하고 그녀는 주님께 하듯 완벽한 사랑과 희생으로 그들을 위해 신실하게 수고했다.

그러나 오늘날 우리는 많은 주님의 사람들에게서 귀용과는 대조되는 영을 보게 된다. 심지어 소위 믿음이 더 깊은 성도들마저도 고소와 박해 앞에 분노하며, 필요하다면 싸우고 화내면서까지 결백을 증명하기 위해 필사적으로 노력한다. 해명의 영에 사로잡혀 명성과 지위를 지키기 위해 어떤 대가라도 치르려고 한다! 그들은 하나님의 어린 양의 숭고한 침묵으로 들어갔는가? 그렇지 않다. 그들은 적들의 공격에 맞서 반박하는 과업에 여생을 쏟아 부으려고 한다.

참으로 적은 수만이 보다 부드러운 저항 방법을 취한다. 그러나 그들마저도 쓴 뿌리와 혐의에 틈을 내주어 심령이 중독되고 영혼이 상한다. 그리고 어떤 사람들은 화가 나고 낙심하여 이전에 겪은 경험과 성령의 인도하심을 의심하며 전투를 완전히 포기하게 된다. 오, 이 눈멀고 어리석은 제자들이여! 그 언덕을 통과하여 주님을 따르는 것이 우리의 영광이다! 그분의 잔을 마시고, 유다의 입맞춤을 받으며, 거짓 재판에 회부되고, 완전히 실패한 것처럼 보이는 것이 우리의 영광이자 말할 수 없는 특권이다.

우리는 이 십자가의 길에서 도망칠 수 있는가? 물론이다! 우리 주님을 배반하고 헐값에 팔아넘길 수 있는 길은 많다. 우리는 타협하고 물러

설 수 있다. 사람을 기쁘게 하는 대중적인 길을 취하고, 은사와 매력을 사용하여 무리를 끌어모으면서, 영향력 있고 성공한 사람이 될 수 있다.

그렇다. 우리 안에는 유다가 잠재되어 있고, 사람들이 우리가 주님을 배신한 것을 절대 모를 수도 있다. 심지어 그들은 우리가 합리적이고, 덜 극단적이고, 덜 극렬하다고 칭찬할지도 모른다.

그러나 주님의 얼굴을 온전히 바라보며, 거룩한 심령과 열정을 가진 사람들은 도망갈 생각이 전혀 없다. 그분께서는 우리의 깨어지기 쉬운 심령 안에 거룩한 불꽃, 다시 말해 그분과 함께 고통받고, 그분의 십자가를 지며, 그분의 대속적인 사투에 참여하고자 하는 초자연적인 열망에 불을 붙이셨다. 그리고 우리는 계속 그분을 따라 겟세마네 동산으로 가서 '숭고한 침묵' 가운데로 들어간다. 우리는 완벽한 침묵을 유지하며, 그 적막 가운데서 경이롭고도 무거운 교훈을 배우게 될 것이다.

이 거룩한 침묵을 깨지 말라! 우리는 다름 아닌 바로 이 점 때문에 많은 전투에서 지게 된다. 거룩한 은혜가 당신을 지탱할 것이며, 어린 양인 당신은 순순히 성실하게 죽음으로, 무덤으로, 낙원으로, 그리고 영광스럽고 영원한 부활과 승리로 이끌려 갈 것이다! 이것이 우리 주 예수 그리스도의 십자가의 비밀이다.

> 나는 오늘 피가 뿌려진 길을 걷네
> 내 구주께서 밟으셨던 길
> 나의 심령과 눈은 지금
> 하나님의 보좌에서 기다리고 있는 상급만을 바라보네

피가 뿌려진 이 길은 복 받은 옛길

순교자와 성인들이 걸어 내려갔던 그 길

오, 내가 피가 뿌려진 그 길 위에 있음이 기쁘다

십자가와 왕관의 길

-프란시스 메트컬프

〈 십자가의 비밀 〉

십자가를 들어라

자녀야, 두려워 말라

아무도 너에게 동정을 보이지 않게 하여라

내가 네 눈에서 나오는 눈물을 닦아 주리라

아름다움으로 덮인 십자가를 들어라

자기 연민이나 엄격한 의무가 아닌

너무나 영화로운, 누구도 추측할 수 없는

그런 사랑스러움 아래 십자가가 있다!

미소 지으며 즐겁게 들어라

단 한 걸음도 슬프게 오지 말아라

십자가를 잘 덮어라

그렇지, 꽃 덮개로

그 아래 무엇이 있는지 아무도 짐작 못하리

하나님 오직 그분만

너의 피 흘리는 심령을

보고 아셔야 한다

하나님은 그러기를 원하신다!

이것이 너의 십자가다

너의 고통을 아무도 보지 못하리라!

모두가 볼 수 있고, 동정하고

너와 함께 울 때는,

네가 감당할 십자가는 없다

나의 십자가는 오해받았다

내가 그랬듯이 살아서나 죽어서나

기쁨과 노래로 십자가의 길을 취하여

손해당하고 학대받으며

비통과 슬픔은 어여쁜 꽃으로 가리고

아무도 네가 진 십자가를 알 수 없게 하라!

사람들은 오직 활짝 핀 꽃만 보게 하라

그 달콤한 향기로 고양되게 하라

달콤한 내음이 도처에 떠돌며

기쁨의 찬양과 기도를 떠올리리라!

오, 주님 가르쳐 주세요

당신처럼 갈보리의 큰 은혜 가운데

달콤한 장미로 가장된 나의 십자가를 감당하도록
나를 보고는 아무도 짐작할 수 없는 그 십자가를!

– 노르마 램

〈 예수, 사랑스러운 어린 양 〉

마리아의 사랑스러운 어린 양
모든 무리 중에 가장 깨끗하네
그 털이 얼마나 순결하고 부드러운지
흠 없는 귀한 어린 양!
마리아의 사랑스러운 어린 양
그녀의 다정한 팔에 꼭 안겨 있네
그대를 위험과 해로부터 지켜 주기를
어머니의 심령이 그녀 안에서 열망하네

마리아의 사랑스러운 어린 양
그녀의 애정 어린 가슴에 안겼네
왜 그녀는 쓰라린 눈물을 흘리나?
왜 그녀의 심령이 무거워졌나?
마리아의 사랑스러운 어린 양
왜 그녀가 떨며 한숨짓는가?
그녀는 그대를 기다리는 그 고통을 아는 것인가?
그대의 죽음을 본 것인가?

마리아의 사랑스러운 어린 양

그대는 하나님의 어린 양

제물로 죽기 위해

피를 쏟기 위해 태어났다네

마리아의 사랑스러운 어린 양

하나님의 형언할 수 없는 선물

그대의 거룩한 붉디붉은 피로

세상의 죄가 씻겼네

마리아의 사랑스러운 어린 양

창세 때부터 죽임 당한 그대는

죽었다가 살아났네

보라, 그대는 다시 살아났다네!

마리아의 사랑스러운 어린 양

그대의 승리, 아버지께서 드러내셨네

그대는 이겼고

봉인과 책을 열기 합당하기에!

- 프란시스 메트컬프

〈 그분의 십가가와 나의 십자가 〉

그분의 십자가는

하늘의 아들이 마셔야 할

쓴 즙이었네

자신의 고통을 덜기 위한 잔이 아니라

그분의 영혼이 했던 맹세의 잔

거룩한 옷을 가지려 그들이 제비 뽑았네

그 모습에 천사들이 눈물지었네

그분의 괴로움의 유품이

그들의 죄책감의 세월을 지속시키네!

나의 십자가는

이제 그 쓸개즙에서 달콤한 맛이 난다네

얼얼한 맛이지만 하늘의 음료라네

못 박힌 손에 바를 기름을

치유자 그리스도께서 가져오시리라!

그리스도는 나의 의로운 겉옷

나의 수치를 입히시네

나의 주님께서 왁자한 무리를 잠잠케 하시고

그들의 상스러운 말을 부정하시네!

십자가에서 그분의 이마가 뜨겁게 달아올랐지만,

나의 이마는 주님의 달콤한 숨결이 식혀 주시네

그렇다면 그것이 어둡고 깊다 한들

어찌 내가 죽음을 크게 두려워하겠는가

- C. V.

큰 음성으로 이르되 죽임을 당하신 어린 양은 능력과 부와 지혜와 힘과 존귀와 영광과 찬송을 받으시기에 합당하도다 하더라 내가 또 들으니 하늘 위에와 땅 위에와 땅 아래와 바다 위에와 또 그 가운데 모든 피조물이 이르되 보좌에 앉으신 이와 어린 양에게 찬송과 존귀와 영광과 권능을 세세토록 돌릴지어다 하니 (계 5:12-13)

Chapter 8
십자가와 잔

프란시스 메트컬프

오 주님, 당신께서 친히 주신 그 피가

저의 신성한 음료입니다

성배는 갈보리에서 넘쳐 흐른

붉은 피로 가득 찼습니다

당신의 잔은 쓴 눈물과 피가 섞여

겟세마네에서 바닥났습니다
오, 저로 지금 당신과 함께 마시게 하소서
예수, 나의 주 나의 하나님!

당신께서 말씀하셨습니다
"이 잔을 받을 때마다 나를 기념하라
이 잔을 들 때마다 나의 죽음을 선포하라
나의 죽음의 고통을 잊지 말라!"

한때의 쓴 잔이 이제는 달게 되었습니다
죽음이 생명 안으로 삼켜져
당신의 못 박힌 발 앞에 무릎 꿇고 있는 것을 봅니다
저는 불멸을 맛봅니다!

어린 양의 보혈로 가득 채워진
구원의 잔을 듭니다
저는 영생을 마십니다
하나님의 아들의 생명을!

너희는 너희가 구하는 것을 알지 못하는도다 내가 마시려는 잔을 너희가 마실 수 있느냐 그들이 말하되 할 수 있나이다 이르시되 너희가 과연

내 잔을 마시려니와 내 좌우편에 앉는 것은 내가 주는 것이 아니라 (마 20:22-23)

"겨울도 지나고 비도 그쳤고 지면에는 꽃이 피고"(아 2:11-12). 유월절, 부활절 … 고난과 고통과 슬픔의 절기이자 희망과 기쁨과 환희의 절기, 일 년 중 가장 성스럽고 의미 있는 절기! 죽음과 생명이 우리에게 새로이 손짓하고 말을 건네며, 자연은 잊은 듯 보였던 영광스러운 재탄생의 드라마를 재현한다. 이때는 첫사랑과 서원이 되살아나는 때다. '주의 은혜의 날'을 불러일으키는 새로운 시작의 때다.

"이달을 너희에게 달의 시작 곧 해의 첫 달이 되게 하고"(출 12:2). 이것은 주님께서 애굽 땅에서 모세와 아론에게 하신 말씀이다. 그날로부터 모든 이스라엘 민족은 아빕월에 여호와의 성스러운 신년을 지켰다. 춘분 때 서쪽 하늘에 나타난 초승달은 이스라엘 민족에게 시작의 달을 알려 주었다. 첫 유월절은 그들에게 새날을 안내하고, 새 길을 열어 주고, 그들의 소유가 될 새 땅을 약속했다. 이는 구출과 자유, 그리고 백성 가운데 나타나신 하나님의 임재를 의미했다!

이스라엘은 순종과 경외로 첫 유월절을 지켰다. 이 절기는 환호성과 잔치가 아닌, 회개와 제사와 죽음의 위협과 함께 시작되었다. 그들은 무교절을 준비하며, 모든 처소에서 죄의 상징인 누룩을 찾아 제거해야 했다. 그리고 가족 당 한 마리씩 흠 없는 숫양을 준비하여 유월절 전날, 즉 죽음의 천사가 애굽의 장자를 죽이던 무시무시한 아빕월 열나흘 날에 희생제로 잡아야 했다.

출애굽기 12장에 기록된 첫 유월절 행사는 너무나 인상적이며 대단한 일이었고, 수세기가 지난 오늘날에도 정통 유대교인은 여전히 이 형식대로 유월절을 지키고 있다. 그리고 모든 그리스도인은 애굽에서의 유월절이 갈보리에서 하나님의 어린 양이 드려짐으로써 성취된(마 26-27장) 더 큰 범위의 전 교회적인 유월절을 예표한 것임을 알고 있다.

> 우리의 유월절 양 곧 그리스도께서 희생되셨느니라 이러므로 우리가 명절을 지키되 묵은 누룩으로도 말고 악하고 악의에 찬 누룩으로도 말고 누룩이 없이 오직 순전함과 진실함의 떡으로 하자 (고전 5:7-8)

예수님은 창세 때부터 죽임을 당한 어린 양(계 13:8)이셨다. 어떤 의미에서 이 희생은 그분의 고난과 죽음에 참여할 수 있는 그리스도의 신비한 몸의 지체들 가운데 대대로 영속되고 있다. 성령께서는 진리를 국지화하고 개인화하실 수 있다. 하나님의 아들들은 성령의 능력으로 말미암아 맏아들이 감당했던 고난과 경험에 그들의 능력과 열망을 따라 기꺼이 동참한다.

사도 바울은 그리스도와의 연합에 동참하여 그 부활의 권능과 고난에 참여함을 알고자 하여 그의 죽으심을 본받기를 갈망했다(빌 3:10). 그리고 그는 정말로 그러한 고통 가운데로 들어갔다. 그는 그리스도와 함께 못 박히고, 장사되고, 그분의 죽음에 심기는 것에 대해, 그리고 부활의 능력으로 그분과 함께 다시 살아나는 것에 대해 자주 언급하였다. "우리는 우리 자신이 사형 선고를 받은 줄 알았으니 이는 우리로 자기를 의지하지 말고 오직 죽은 자를 다시 살리시는 하나님만 의지하게 하심이라"(고후 1:9).

바울은 매일 죽음을 경험했다. 죄의 문제에 대해서는 이미 오래전에 결론을 내렸으므로, 죄에 대하여 죽은 것은 아니었다. 그는 그리스도의 고난에 동참하느라 매일 죽었던 것이다. 그는 거듭하여 죽음의 세력에 넘겨졌다. 그는 부르짖었다. "사망은 우리 안에서 역사하고 생명은 너희 안에서 역사하느니라"(고후 4:12). 모든 성별된 성도들이 그러했듯이 그 또한 생명은 죽음에서, 강함은 약함에서, 승리는 외관상의 패배에서 솟아난다는 것을 알고 있었다.

바울에게 그런 '죽어가는 일'은 몹시 실제적이었다. 그저 '죽은 줄로 여기는 것'과는 깊이가 달랐다. 그는 여러 번 매 맞고, 난파당하고, 돌에 맞고, 굶주렸으며, 유기되었다. 그는 계속해서 삶을 내려놓고 싶은 유혹을 받았다. 왜냐하면 그리스도의 고난에 완전하게 참여했기 때문이다. 그리하여 그는 부활 생명을 실제로 경험하였다.

"내게 능력 주시는 그리스도 안에서 내가 모든 것을 할 수 있느니라"(빌 4:13) 하고 외칠 때, 그는 문자 그대로 모든 것을 말한 것이다! 12년 동안 초인적인 고생과 궁핍과 혹사를 당한 후 감옥에서 쓴 편지에 언급했듯이, 그에게는 그것이 실제 현실이었다. 그는 가난과 배고픔, 육체적인 고통과 연약함을 직접 겪어서 알았고, 그런 가운데 곤고를 기뻐하고 환난 중에 즐거워하는 법을 배웠다. 그래서 그는 "나의 하나님이 그리스도 예수 안에서 영광 가운데 그 풍성한 대로 너희 모든 쓸 것을 채우시리라"(빌 4:19)고 자신 있게 말할 수 있었다.

바울은 여러 번 여행하면서 강의 위험과 강도의 위험과 동족의 위험과 이방인의 위험과 시내의 위험과 광야의 위험과 바다의 위험과 거짓 형제 중의 위험을 당하고, 또 수고하며 애쓰고 여러 번 자지 못하고 주리며 목마르고 여러 번 굶고 춥고 헐벗었다(고후 11:26-27).

바울과 나머지 사도적인 성인들에 비하면, 우리의 경험은 미약하게만 보인다. 이와 관련하여 한 시구가 생각난다. "죽음으로 가는 우리의 사소한 여정, 무덤으로부터 우리의 사소한 부활!"

"미쁘다 이 말이여 우리가 주와 함께 죽었으면 또한 함께 살 것이요 참으면 또한 함께 왕 노릇 할 것이요"(딤후 2:11-12). 주님의 사랑과 고난과 심령의 수고를 감당할 능력은 점점 증가하고 있으며, 그렇게 될 때 우리는 하나님의 영광에 이바지할 열매를 더 많이 맺게 된다. 이 땅에서 그분의 고난을 함께하고, 그분의 십자가를 지며, 그분의 잔을 마시고자 갈망하는 사람들은 결코 많지 않다.

예수님께서는 제자들에게 이렇게 물으셨다. "내가 마시려고 하는 그 잔을 너희가 마실 수 있으며, 또 내가 받는 그 세례를 너희가 받을 수 있느냐?"(마 20:22, 킹제임스성경) 그러나 때가 오자, 제자들은 주님의 잔이 너무나 쓰고 격렬하다는 것을 알고는 다 그분을 버리고 도망하였다. 그때는 그들이 주님의 고난과 죽음에 참여할 수 없었다.

그러나 하나님의 은혜로 훗날 그들 한 사람 한 사람이 복음을 위해 생명을 내려 놓을 수 있는 날이 왔다. 이 사실이 우리의 심령에 얼마나 큰 기쁨을 주는가?

"그리스도께서 우리의 유월절 어린 양이시다!" 그분의 성배에 두려움 없이 참여하자. 그 잔을 마실 때, 우리는 기이한 변화가 일어나는 것을 보게 될 것이다. 쓴 잔이 달콤해질 것이다. 죽음의 향취가 생명의 진액으로 변할 것이다. 우리가 남김없이 다 마신 그 잔은 하늘 신랑이 신부와 서약하는 혼배가 될 것이다. 오, 잔이 가득 찼다! 오, 루비처럼 붉은 영원한 생명과 사랑의 포도주! "나의 사랑하는 사람들아, 많이 마시라"(아 5:1). 부활의 능력이 그 잔 안에 있다!

Chapter 9

마지막 때를 위한 왕의 시편

프란시스 메트컬프

주님의 찬양

시편은 히브리어로 세페르 테힐림(Sepher Tehillim)이라고 한다. 학자들은 이 단어가 '찬양하다, 활기차게 움직이다, 빛나게 하다, 빛나다 또는 옮기다'라는 뜻의 할(hal) 또는 할랄(halal)에서 유래되었다고 주장한다. 그러므로 시편을 '사람에게 나타난 하나님의 신성한 지혜와 사랑, 표현, 광명, 빛의 책'이라고 불러도 좋겠다.

시편에는 그리스도와 그분의 교회, 오실 왕국이 예표되어 있다. 그리고 최고의 예언이 있다. 그러나 시편의 가장 큰 아름다움과 중요성은 그 안에 구현된 경배와 찬양에 있다. 이런 이유로 시편은 '이스라엘의 찬양' 또는 '주님의 찬양'이라는 이름으로 가장 잘 알려져 있다.

영국의 정치가이자 신학자인 윌리엄 글래드스턴은 이렇게 말했다.

> 시편에는 인간 심령의 모든 음악이 있다. 그리고 이는 어쩌면 이스라엘의 민족적 특성을 형성하는 데 모든 왕과 제사장보다도 더 많은 기여를 했을지도 모른다. 만약 다윗이 시편 대신 교리적인 전문서를 썼다면, 그의 이름은 결코 우리 가운데 전해 내려올 수 없었을 것이다. 노래하는 종교가 아니었다면, 유대교는 태동기를 넘기고 살아남을 수 없었을지도 모른다.
>
> 선지자들은 이스라엘과 유대의 다른 어떤 계층보다 민족의 신앙을 구현하고 보존하는 역할을 했다. 예언과 음악은 떼려야 뗄 수 없을 정도로 밀접했다. 선지자 학교는 곧 음악 학교였다. 성전이 세워져 있던 동안에는 신성한 노래와 제사가 유대교 예배의 매개 노릇을 계속하였다. 그리고 기독교는 하늘 성가의 선율이 되기 위해 태어났다.

교회는 노래 가운데 탄생했을 뿐 아니라 성령의 노래로 말미암아 세기를 거쳐 보존되고 부활했다. 또한 가장 높은 경배는 거룩한 노래 가운데 이루어진다. 시와 찬송과 신령한 노래를 부르는 것은 성령 충만의 증거이자 그리스도의 말씀이 우리 안에 풍성히 거한다는 증거다(엡 5:19, 골 3:16).

영국 성공회의 유명한 사제 존 던 박사는 이렇게 말했다. "시편은 교회의 만나다. 그중에서도 모두의 사랑을 받는 뛰어난 시들은 천주교나 보편적인 찬송 등 모든 곳에 퍼져 필수적으로 사용된다. 다윗은 풍부하고 아름다운 신성한 시의 옷으로 종교라는 여왕을 알맞게 장식했다. 그리하여 여왕은 사람들과 심지어 적들의 눈앞에 가장 뛰어난 사람들이 천재성을 쏟아 구현한 그 어떤 사랑과 영광과 기쁨보다도 더 고귀한 신분으로 설 수 있도록 치장되었다."

"히브리의 시편은 세상에서 가장 오래된 시선이다." 영국의 성경학자 아담 클라크가 말했다. "이는 고대 그리스와 로마가 자랑하는 고전보다 더 오래전에 지어졌다. 우리의 복되신 주님께서는 시편을 사용하고 인용하셨다. 즉 가장 높은 권위로 시편을 인증하신 것이다. 주님과 제자들이 마지막 만찬에서 시편 113-118편으로 이루어진 할렐(the Hallel, 할렐루야로 시작하는 시편)을 불렀다는 사실은 그들이 시편을 기도서로 사용했음을 알려 준다. 시편은 교회가 생길 때부터 사용되었으며, 특히 하나님을 찬양할 때 쓰였다."

영국의 목회자 F. B. 메이어의 말을 인용해 보자. "시편은 사실상 다윗에게서 시작되었다. 가사의 아름다움과 부드러운 은혜, 리드미컬한 운율, 열광적인 할렐루야와 구슬픈 한탄, 영혼을 덮는 빛과 그림자의 변화무쌍한 움직임에 대한 모방 불가한 표현, 인간의 본성과 신앙의 융합, 하나님의 관점에서 본 인간의 삶과 세상에 대한 논평 등 모든 시대의 거룩한 영혼들이 사랑해 온 시편의 이러한 요소들은 이스라엘의 아름다운 가인(歌人)의 시적이고 감동된 영혼에서 비롯되었다."

다윗은 시편의 대부분을 지은 사람이다. 그는 그 노래들을 매우 영광스럽게 활용하여 주님을 경배하였다. 우리는 찬양과 경배라는 개념에 대해 다윗에게 빚을 지고 있다. 그전에는 그런 것이 이 땅에 계시된 적이 없었다. 혹자는 다윗이 천사의 노래를 듣고 인간의 언어로 옮긴 것이라고도 말한다.

시편은 다른 어떤 성경보다도 더욱 널리 읽히고 사랑받는다. 또한 시편은 처음 불린 이래 3천 년에 걸쳐 수많은 설교와 찬송에 영감을 주었다. 이는 마지막 때를 사는 우리에게도 특유의 풍부한 예언과 계시를 통해 유창하게 웅변한다. 그리고 다윗의 뜨거운 심령에 감동을 주셨던 성령께서 이제는 우리의 심령 안에서 찬양과 예언의 노래를 만들어 내신다. 이처럼 다윗의 방식으로 경배하는 것이 얼마나 복되고 영광스러운지!

시편은 각 사람이 자기 영혼의 움직임을 들여다보는 거울이다. 시편은 사색하는 사람이라면 누구나 열망하는, 변함없으시고 우리를 사랑하시며, 보호자요 수호자요 친구 되시는 하나님과의 연대감을 정교한 말로 표현한다. 또한 시편은 인간의 평범한 경험과 익숙한 생각을 말하면서도, 거기에 가장 재능 있는 사람의 수준마저 초월하는 다양한 너비와 강도와 깊이와 높이를 부여한다. 시편은 최고의 천재가 가지는 영적 열정을 말로 옮겨 내는가 하면, 문명의 무식자가 가지는 모호하고 소박한 열망을 진실하고 간소한 아름다움, 감정과 표현 사이의 정확한 합의로 말하기도 한다. 그리하여 시편의 언어는 모든 나라에서 속담과 문학에 스며들고 대화에 섞임으로써 일상이 되었고, 삶의 모든 중요한 순간에 사용되었다.

– 롤랜드 E. 프로테로

메시아 왕의 시편

시편 2편은 왕과 그분의 왕국을 주제로 한 뛰어난 예언적 노래다. 이 시편은 다윗이 예루살렘을 여부스 인에게서 빼앗아 왕국의 도읍으로 삼은 후에 만든 것으로 추정된다. 왕국에 대하여 이토록 영감 어린 비전을 받았던 사람은 아무도 없었다. 다윗은 이를 꿈꾸었을 뿐 아니라, 실제로 거의 그대로 살았다. 이 노래는 그가 왕좌에 오르기 위해 고통받고 싸웠던 쓰라린 경험을 담고 있다. 고난의 격렬한 불로 단련되었던 노래가 승리 후에 온 세상이 들도록 분출되었던 것이다. 따라서 이 노래가 긴 세월이 지나도록 사람들의 가슴에 불을 붙이는 것은 당연한 일이다!

사도들은 당대에 이 시편을 거침없이 인용하였으며(행 4:24-31, 13:16-23) 교회 시대 동안 수많은 찬송과 설교에 영감을 주었다. 그리고 마지막 추수와 이 땅에 임할 하나님의 왕국을 준비하는 자들에게도 성령께서 이 시편으로 자주 감동하신다. 우리가 준비하는 기간에도 성령께서 이 시편의 모든 절을 강조하셨다. 이는 우리가 기억하고 익히고 완전히 흡수해야 할 노래다. 이 노래의 더 큰 성취가 이미 시작되었다!

18세기 영국의 목회자이자 영문학자인 로버트 라우스는 이 시편에 대해 다음과 같이 해설했다.

> 이 시편의 주제는 적들의 저항을 물리치고 이루어진 다윗의 왕권 수립이다. 여기에는 문자적이면서 비유적인 이중적 특성이 있다. 이 시편을 읽으면 먼저는 문자 그대로의 다윗에 주목하게 되는데, 그 의미는 유대 민족의 역사로 인해 분명해지며 논란의 여지가 없다. 그러나 영적인 다윗인 예수 그리스도와 관련지어서 보게 되면, 일련의 고귀한 사건들이 즉시 드러나며 의미도 더 분명해질 뿐 아니라 더 고상해진다. 모든 구절이 새로운 관점으로 보이며, 정서상 신선한 무게와 위엄이 더해진다.

왕좌로 향하는 길은 분명 다윗에게 거칠고 비극적인 길이었다. 사무엘이 깜짝 놀랄 소환장을 가지고 이새의 집에 왔을 때, 그는 아버지의 양을 돌보며 평강과 경배로 충만한 삶을 살고 있었다. 하나님의 왕국으로 부름 받아 경로가 바뀌지 않았다면, 그는 목가적인 삶을 지속했을 것이다. 처음에는 이러한 변화가 분명히 드러나지 않았다. 그는 기름부음을 받은 후에도 다시 양들에게 돌아갔다. 왕좌와 왕권을 향한 눈에 보이는 움직임이 갑자기 일어나지는 않았다.

그러다가 다윗 안에 한 가지 큰 변화가 일어났다. 그것은 다음과 같이 간명하게 표현된다. "다윗이 여호와의 영에게 크게 감동되니라"(삼상 16:13). 하나님의 영! 그분의 능력은 얼마나 혁명적인가! 그날부터 다윗은 하나님의 왕국으로 들어가는 완전한 입장권을 받았고, 그의 길은 갈수록 더 위험해졌다.

여기에서 왕국의 부르심을 받은 우리에게 해당되는 패턴을 볼 수 있다. 우리도 한때는 주님의 무리들과 함께 평화롭게 정착되어 있었다. 우리가 우리의 멋진 교회를 얼마나 소중히 여기며 사랑했는가! 주님을 여러 모양으로 섬기고 그분의 재림을 고대하며, 특별히 지금의 무리 가운데 있을 때 오시기를 바라면서, 얼마나 정착되고 편안하게 느꼈는가?

그런데 갑작스럽게 왕국의 부르심이 임하였다! 왕국의 빛이 우리의 길에 비취었다! 왕국의 전령이 와서 우리에게 새로운 기름을 부었다. 우리는 믿을 수 없는 말을 들었다. 이 땅에 임할 하나님 왕국의 비전으로 인해 우리의 심령이 동요되고 불이 붙었다. 이런 패턴이 얼마나 자주 반복되었는지!

"너희는 먼저 그의 나라와 그의 의를 구하라"는 말씀에 순종하며 목자장을 신실하게 따르는 사람에게는 조만간 왕국의 비전이 주어질 것이다. 우리의 구주이자 목자로 알려졌던 그분께서 이제 왕으로 나타나신다! 영광의 왕, 메시아 왕! 앞으로 올 이 영광의 비전이 얼마나 대단한가!

우리는 하늘에서처럼 이 땅에서도 다스리기 원하시는 그분의 열망을 강렬히 인식하게 된다. 우리는 왕국의 복음이 모든 피조물에게 전파되어야 끝이 오리라는 것을 깨닫기 시작한다. 또한 우리는 교회 시대가 점점 사라지며, 드러난 왕국의 영광과 권능에 합쳐지는 것을 본다! 그리고 우리도 그리스도와 함께 왕국의 권능으로 다스리고 영광을 나누도록 부름 받았다는 것을 배운다. 이것은 매우 엄청난 사실이다!

그러나 다윗이 그랬듯 왕국으로 가는 길은 멀고 곡절이 많다는 것을 알아야 한다. 즉시 양을 떠나서 왕좌로 나아가는 것이 아니다. 다윗처럼 얼마 동안은 조용히 양 무리로 돌아가서 왕국으로 입장할 긴 준비를 시작해야 한다. 왕국에서 태어나는 것은 은혜로 가능하지만, 그리스도와 함께 다스리며 왕국의 보상을 받을 성숙한 아들로서 입장하기 위해서는 많은 훈련과 믿음과 고난과 전쟁과 희생이 필요하다.

신약의 가르침은 다윗이 그토록 힘들게 배운 모든 것을 확증한다. "천국은 침노를 당하나니 침노하는 자는 빼앗느니라"(마 11:12). "우리가 하나님의 나라에 들어가려면 많은 환난을 겪어야 할 것이라"(행 14:22). 그리고 베드로후서 1장에는 왕국에 넉넉히 들어가기 위한 필요조건이 제시되어 있다. 바울은 그 외에도 왕국에 걸맞은 훈련에 대하여 많은 것을 말하였다.

물론 예수님도 왕국에 적합한 자가 되기 위한 완전한 지시를 주셨으며, 그 모두를 어린아이와 모든 사람을 섬기는 종이라는 두 가지 중요한 전형 안에 요약하셨다. 주님께서는 아버지께서 왕국을 '적은 무리'에게 주실 것이라고 말씀하셨다(눅 12:32). 그리고 시편 2편은 그 적은 무리에게 웅변적으로 말한다. 만약 당신이 그 가운데 속했다면, 기뻐하라! 그렇다. 그들은 스가랴가 말한 대로 "잡혀 죽을 양 떼"(슥 11:4, 7)이다. 그러나 하나님을 찬양하라! 그들은 "하나님의 성도들이 나라를 얻으리니 그 누림이 영원하리라"(단 7:18)는 것을 안다.

오늘날 이방 나라는 전에 없이 격분하고, 사람들은 헛된 것을 생각하며, 이 땅의 통치자들은 주님과 그분의 기름부음 받은 자들에 맞서 반대한다. 다윗의 때에는 주님께 맞서는 자들이 소수에 불과했다. 그러나 이제는 공산주의가 홍수처럼 일어나 이 땅의 많은 부분을 덮었다. 그들의 교리 중에는 이런 것이 있다. "세상에 현존하는 모든 지도자를 퇴위시킨 후, 하늘로 올라가 신을 왕좌에서 몰아내리라."

하나님과 그리스도에 대한 증오가 이처럼 강하게 일어났던 적이 없다! 그리고 전 세계적으로 수많은 하나님의 양들이 죽음으로 내몰리고 있다! 아직도 하나님의 왕국이 아무런 외적 투쟁 없이 평화롭게 점진적으로 임하기를 꿈꾸고 있다면, 왕국을 위해 격한 지옥의 고통을 겪었던 다윗이 오늘의 교회를 비웃을 것이다. 지금도 아버지의 진노가 이 땅에 나타나고 있다.

아버지께서는 거룩한 산 시온에 그분의 왕국을 세우셨고(시 2:6), 율법이 시온에서부터 나올 것이다(사 2:3). 그러나 하나님께서는 이 땅에 진짜 시온을 갖고 계신다. 그것은 바로 심령의 보좌에 하나님을 모신 왕국의 백성들이다.

시온에 계시는 왕은 위대하시다! 그분께서는 영광과 경외와 사랑과 섬김을 받으신다! 그리고 지금도 성령의 능력으로 백성을 통하여 널리 다스리신다. 하나님은 그들을 통하여 볼 수 있는 눈이 열린 사람들에게 영광을 나타내시고 빛을 발하신다. 또한 그들을 통하여 기름부음 받은 귀를 가진 사람들에게 말씀하신다. 복 받은 시온! 왕께서 시온 가운데 계시며, 지존자가 친히 시온을 세우실 것이다!

"너는 내 아들이라 오늘 내가 너를 낳았도다"(시 2:7). 이 구절은 신약의 사도행전에서 그리스도의 부활과 관련하여 인용되며(행 13:33), 히브리서에서도 인용된다. 그리고 우리 삶에도 성령께서 우리의 영에 이 말씀을 증거하실 때가 온다. 우리는 심령 깊은 곳에서 이 말을 듣는다. "너는 내 아들이라 오늘 내가 너를 낳았도다." 우리는 그리스도 안에서 태어났고, 영원한 자녀의 신분을 얻었다. 이 얼마나 놀라운 일인가! 얼마나 영광스러운 일인가!

"내게 구하라 내가 이방 나라를 네 유업으로 주리니 네 소유가 땅끝까지 이르리로다"(시 2:8). 중보하며 은둔하는 사람들에게 성령께서 이 구절을 얼마나 자주 감동하시는지 모른다. 그럴 때마다 나의 심령은 이 말씀을 처음 들었을 때처럼 다시 뛰어오른다. 그때 나는 이 땅의 모든 나라를 위하여 중보를 시작했다. 기도의 부르심! 이 말씀을 통해 우리는 왕처럼 다스리도록 부름 받았지만, 제사장처럼 기도함으로써 사역을 시작해야 한다는 것을 배운다! 반드시 제사장 사역이 먼저 이루어져야 한다.

다윗은 기름부음 받은 후에도 공개적으로 드러나기 이전에 많은 세월을 경배와 기도로 보냈다. 예수님께서도 초림 때 그분의 왕국을 공표하기는 하셨지만, 보좌로 나오지는 않으셨다. 그분께서는 2천 년 동안 중보하고 계신다. 우리는 왕국의 영광을 향해 서두르지 않는다. 그전에 먼저 찬양과 기도로 해야 할 일들이 많다.

시편 2편을 계속 읽다 보면, 철장으로 다스리며 악을 산산조각 내시겠다는 약속을 보게 된다(시 2:9). 이 약속도 우리에게 직접적으로 주신 것이다. 주님께서는 사도 요한에게 나타나셔서 친히 이 말씀을 확증하셨다. "이기는 자와 끝까지 내 일을 지키는 그에게 만국을 다스리는 권세를 주리니 그가 철장을 가지고 그들을 다스려 질그릇 깨뜨리는 것과 같이 하리라 나도 내 아버지께 받은 것이 그러하니라"(계 2:26-27). 그리고 영광스러운 약속을 하나 더하신다. "내가 또 그에게 새벽별을 주리라"(계 2:28).

시편 2편은 이 땅의 통치자에게 주시는 말씀으로 마무리된다. 그러나 성령께서 우리 안에서 활동하실 때, 어떤 면에서는 우리도 그리스도 안에서 이스라엘의 통치자이자 재판관이다. 다음의 말씀은 우리에게 생생하게 되살아나곤 한다. "여호와를 경외함으로 섬기고 떨며 즐거워할지어다 그의 아들에게 입 맞추라!"(시 2:11-12)

성령께서는 우리에게 경건한 두려움, 즉 지극히 높으신 분에 대한 경외감을 가지라고 가르치신다. 그럴 때 우리는 추측과 거짓 안도감으로부터 보호된다. 왕좌는 가장 큰 값을 요구한다. 구원은 공짜지만, 왕국에는 오직 승리자만 도달할 수 있다. 이 모든 약속은 우리를 위한 것이다. 그러나 우리가 그것을 받고, 믿고, 그대로 행하지 않는다면 상속받을 수 없다.

다윗의 삶은 우리에게 좋은 본보기가 된다. 그러므로 시작하는 시점에 시편 2편을 숙고하는 것은 매우 유익하다. 여기에는 왕과 그분의 왕국에 대한 영광스러운 비전이 있다. 왕국을 열망하는 것은 복된 일이다. 그러나 거기에 도달하기 위해서는 성별됨과 순종과 믿음과 고난과 많은 전쟁을 통과해야 한다. 역설적이게도, 왕좌로 가는 왕도는 없다!

성육신의 노래

시편 8편은 그리스도의 탄생 이후에 기록되었다 하더라도 매우 훌륭

하고 탁월한 시로 여겨졌을 것이다. 그러나 이것이 그리스도께서 이 땅에 오시기 천 년 전에 기록되었다는 사실을 알면, 우리는 그저 놀랄 수밖에 없다! 이 시편은 다윗이 소년 시절, 사무엘에게 기름부음을 받은 직후 지은 것으로 추정된다. 그의 심령과 입에서 놀라운 말들이 나왔다. 다윗은 이렇게 부르짖었다. "어린아이들과 젖먹이들의 입으로 권능(완벽한 찬양)을 세우심이여"(시 8:2).

하나님께서 주신 이 놀라운 지혜의 계시는 다윗 자신에 대한 예언이기도 했지만, 다윗의 자손이라 불릴 하나님의 경이로운 자녀, 곧 거룩한 아기에게도 해당되었다. "이는 원수들과 보복자들을 잠잠하게 하려 하심이니이다"(시 8:2). 다윗은 머지않아 골리앗의 오만한 혀를 잠재우고, 이스라엘의 모든 원수를 황폐하게 함으로써 이 일을 행하게 되었다. 그러나 이 말씀의 더 큰 성취는 갈보리 언덕에서 그리스도를 통해 이루어졌다.

예수님께서는 예루살렘으로 승리의 입성을 하실 때 이 시편을 인용하셨다. 그때 아이들은 성전에서 "호산나 다윗의 자손이여!"라고 외치며 주님을 칭송하였다. 만약 다윗이 이 장면을 보았다면 놀라지 않았을까? 성령의 기름부음으로 노래하는 사람들이 그렇듯이, 그는 자신이 알던 것보다 훨씬 뛰어난 노래를 불렀던 것이다!

주님께서는 다윗의 이 예언을 여러 번 확증하시고 확장하셨다. 주님은 하나님께서 그분의 신비를 지혜롭고 슬기 있는 자들에게는 숨기시고, 어린아이에게 나타내신 것을 공개적으로 감사하셨다. 주님은 어린아이를 왕국의 중심인물로 선포하셨고, 하늘에서는 그들의 천사가 언제나 아버지의 얼굴을 뵙고 있다고 말씀하셨다. 때로는 제자들을 '작은 자들'(children)이라 이르시며(요 13:33, 21:5), 어린아이의 영적 중요성을 나타내셨다.

교회 시대 내내 예수님께서는 아이들에게 특별한 방식으로 기름 부으셨고, 때로는 그들을 들어 죄인과 불신자를 부끄럽게 하셨다. 또한 성령께서는 마지막 때에 많은 아이들을 이 땅에 표적으로 사용하실 것이라고 계시하셨다. 그래서 다윗이 그랬듯이, 우리도 하나님의 지혜에 기뻐한다. "우리 주여 주의 이름이 온 땅에 어찌 그리 아름다운지요!"(시 8:1) 참으로 "지혜는 자기의 모든 자녀(children, 어린아이)로 인하여 옳다 함을 얻는다!"(눅 7:35) 그러나 분명 다윗과 예수님은 심령과 영이 어린아이와 같고, 겸손하고, 신실하며, 아버지께 순종적인 사람에 대해서도 말씀하신 것이다! 그런 자에게 모든 시대에 복이 있나니!

시편 8편은 창조주 하나님의 탁월함과 영광을 공표한다. 다윗은 이 노래에서 비범한 차원의 발상과 아름다움에 도달하였다. 그가 주님의 신성한 이름을 부르기를 얼마나 좋아했는지! 실로 주님께서는 이 땅에서 들어 본 적 없던 찬양을 다윗 안에서 완성하셨다.

다윗은 밤중에 양을 지키면서, 별이 빛나는 하늘을 보며 하나님의 영광을 묵상할 시간과 기회를 충분히 가질 수 있었다. 그는 천체가 사람에게 창조주의 영광을 드러내도록 임명된 직분을 받았다고 믿었다. 그는 별이 총총한 하늘의 장관을 보면서 때로 찬양과 경배의 황홀경에 사로잡혔다. 그에 비해 인간이 얼마나 미미한 존재로 보였을까!

다윗은 분명 모든 세대의 인간들이 숙고했던 한 가지 질문에 자주 빠져들었을 것이다. "인간이란 무엇인가?" 그리고 신성한 영감을 받아 그 질문에 대한 해답을 얻었다. "그를 하나님(the angels, 천사)보다 조금 못하게 하시고 영화와 존귀로 관을 씌우셨나이다 주의 손으로 만드신 것을 다스리게 하시고 만물을 그의 발아래 두셨으니"(시 8:5-6).

다윗은 인간에 대한 한낱 철학 이론이나 육신에 대한 생물학적 설명에는 관심이 없었다. 그의 관심은 인간과 하나님의 관계에 있었다. 다윗은 하나님께서 연약하고 미미한 모습 그대로 인간을 마음에 품고 계시며, 인간에게 찾아와서 교제하신다는 것을 알고 있었다.

성령의 조명하심으로 다윗은 타락하기 전 아담이 하나님과 동행했을 때의 상태를 생각해 보았다. 그는 그것을 확신에 차서 노래했다. 그러나 그의 노래가 예언한 것은 부활하셔서 영광과 존귀의 관을 쓰시고 만물의 통치권을 받으실 두 번째 아담, 바로 예수 그리스도였다. 다윗은 분명 인간이 되신 하나님의 임마누엘, 즉 장차 일어날 성육신에 대해 노래한 것이다. 또한 그는 그분 안에서 영생을 찾을 사람들에 대해 노래한 것이기도 하다. 왜냐하면 그들도 그분과 같은 형상으로 일어날 것이기 때문이다(행 2:25, 히 2:9).

우리는 다윗과 함께 영광스러운 소망을 나누며 성육신에 대한 이 노래를 다시 부른다. 그리고 아버지께 부르짖는다. "우리를 도우사 어린아이같이 되게 하시고, 아버지의 능력이 우리 안에 있게 하소서! 우리 안에서 아버지를 영화롭게 할 찬양을 완성하소서! 오 여호와여, 우리의 아도나이(Adonai), 주의 이름이 온 땅에 어찌 그리 아름다운지요."

역사상 모든 환경과 시기에 시편은 지쳐 있는 여행자에게 회복의 강이자 위안의 샘이었다. 시편은 연령이나 나라, 신앙의 형태를 초월하여 알려졌다. 시편 안에서 논쟁의 영이나 교리적 전쟁은 사라진다. 시편의 신선하고 온화한 숨결은 신학적 다툼으로 메말라 버린 밭을 휩쓴다. 수세기 동안 그리스도인의 간구는 시편의 언어로 옷을 입고 하나님의 제단 보좌에 향기롭게 드려졌다. 다른 것으로는 결코 해소되지 않던 종교 단체의 신학과 기도가 대대로 시편을 통해 표현되었다. 시편은 교회와 국가, 사고방식, 생활 습관, 표현과 형식 가운데 모든 변화를 견뎌 내며 우리의 심령에 기도 의식으로 뿌리박혔고, 숭고한 시로 상상력을 불타게 했으며, 인간 삶의 삽화로서 우리의 마음을 사로잡고 기억을 저장하였다.

– 롤랜드 E. 프로테로

하늘에 기록된 말씀

다윗이 부른 시편 19편은 이 땅에 옮겨진 천상의 노래다. 그 안에 담긴 지극히 고결한 발상, 장엄한 주제, 보편적인 호소는 천사장에게나 어울릴 법하다. 그러나 베들레헴의 산 전역에 이 노래가 울려 퍼지게 한 것은 미가엘이나 가브리엘이 아닌 한 어린 목자였다. "하늘이 하나님의 영광을 선포하고 궁창이 그의 손으로 하신 일을 나타내는도다"(시 19:1).

그날 이후 수많은 사람들이 일몰과 일출의 장관을 보며 경이로움과 경외감을 느꼈고, 별이 가득한 밤하늘의 아름다움을 올려다보며 마음을 빼앗겼다. 그들은 자신의 감정과 생각을 표현할 말을 찾고자 하였다. 그러나 그들 중 누구도 다윗보다 더 적절한 말을 찾지 못했다. 시편 19편 1-2절의 히브리 원문을 직역하면 다음과 같다.

> 하늘은 하나님의 영광을 말하고,
> 궁창은 그의 손으로 하신 일을 전시하는도다
> 날은 날에게 말하고,
> 밤은 밤에게 지식의 숨결을 불어 넣으니

이 구절은 다윗이 여전히 아버지의 양을 돌보던 젊은 날에 부르던 것으로 추정된다. 밤낮으로 밖에서 오랜 시간을 보내던 그에게는 경배하고 묵상할 기회가 충분했다. 이 시편에서는 훗날 그가 겪게 될 고난이나 분투의 기미가 보이지 않는다. 이것은 창조주와 조화되고, 모든 사람들과 평화로운 상태에 있는 한 영혼의 노래다. 19편은 앞의 8편과 같은 시기에 나온 것으로 추정된다. 알렉산더 맥클라렌 박사는 이 시편들에 대해 다음과 같이 말한다.

> 이 시편들은 다윗의 후기 노래와는 달리, 개인적인 언급이나 인생의 다양한 경험이 전혀 보이지 않는다. 여기에서는 사람과 유리되고 하나님께 밀착되어 아무런 고통이 없는 한 젊은이의 심령에서 쏟아져 나온, 자신을 잊은 묵상과 평온이 나타난다. 공통점은 자연을 응시하는 독특한 태도인데, 이는 대부분의 서경시(敍景詩)와 다른 점이면서 다윗

CHAPTER 9 마지막 때를 위한 왕의 시편 199

의 시편에서 일정하게 발견되는 특징이다. 다윗은 단 한 구절로 그림보다 뛰어난 묘사를 할 수 있다. 그러나 그는 풍경화를 그리려고 하지 않는다. 그에게 창조란 시적 묘사나 과학적 연구의 주제가 아니다. 그것은 하나님께서 입으신 옷이며, 천상에 대한 계시이다!

이처럼 모든 자연을 성체화하는 태도는 성 프란시스와 그의 형제들이 지은 시가에 비견된다. 자연의 모든 것이 그들의 심령을 휘저어 창조주를 경배하게 하였고, 하나님의 심령과 본성을 계시해 주었다.

프란시스는 어쩌면 그렇게 다윗과 비슷했을까! 그들은 둘 다 위대한 왕을 노래하는 음유시인이었다. 둘 다 태양과 땅과 하늘과 바다에 드러난 하나님을 보았다. 그분의 말씀은 모든 것과 모든 사람 가운데 드러나 있다! 바울은 이러한 개념에서 다음과 같이 기록하였다. "그것들은 멸망할 것이나 오직 주는 영존할 것이요 그것들은 다 옷과 같이 낡아지리니 의복처럼 갈아입을 것이요"(히 1:11-12). "창세로부터 그의 보이지 아니하는 것들 곧 그의 영원하신 능력과 신성이 그가 만드신 만물에 분명히 보여 알려졌나니"(롬 1:20).

우리는 바울을 시편 작가로 생각하지는 않지만, 그 또한 시인이자 가인(歌人)이었다. 그가 교회를 향해 시와 찬미와 영적인 노래로 말씀을 나누라고 한 것은 스스로의 풍부한 경험에서 비롯된 지시였다. 그리고 참으로 성령께서는 바울 안에서 새 노래(은혜와 사랑의 노래), 그리스도의 신부를 위한 하늘의 축시를 부르셨다!

일부 성경학자들은 시편 19편의 전반부와 후반부의 관련성에 의문을 표한다. 그러나 다윗은 창조 가운데 나타난 하나님의 말씀과 성경 말씀의 연관성을 결코 의심하지 않았다. "여호와여 주의 말씀은 영원히 하늘에 굳게 섰사오며"(시 119:89). 그렇다. 그리고 그것은 또한 하늘에 기록되어 있기도 하다! 고대인들은 별에서 하나님의 말씀을 읽었고, 계시를 발견하였다. 동방박사들은 하늘에 나타난 하나님의 표적을 따라가서 예수님을 만났다. 또한 원시 천문학은 속량의 전체 이야기가 황도 십이궁 안에 기록되어 있음을 가르쳐 준다.

C. H. 스펄전은 다음과 같이 말하였다.

> 다윗은 자연과 성경이라는 하나님의 두 가지 위대한 책을 연구하는 일에 그의 초기 생애를 드렸다. 그는 두 책의 정신을 철저히 파헤치며 성실하게 비평하고 비교·분석하였으며, 공통적으로는 저자의 탁월함을 찬미하였다. 이 거룩한 두 권의 책을 받아들이고 저자의 신성한 손길을 보며 기뻐하기보다 모순과 반박거리를 찾으려고 지성을 허비하는 사람은 얼마나 어리석고 악한가!
>
> 자연의 책(the world-book)과 말씀의 책(the Word-book)을 같은 저자의 연작으로 읽은 다윗은 가장 지혜로운 사람이다. 자연의 책은 하늘, 땅, 바다, 총 세 장으로 되어 있는데, 그중에서도 하늘 장이 가장 먼저 지어졌으며 가장 영광스럽다. 우리는 하늘 장의 도움으로 다른 두 장의 아름다움을 알 수 있다.

다윗은 기록된 말씀에 대해 노래했을 뿐 아니라 살아 있는 말씀, 즉 그리스도 예수에 대해서도 노래했다. 바울은 다윗의 이러한 말(시 19:4)을 로마서 10장 18절에서 인용했다. 그리고 5절에 그의 신방에서 나오는 신랑과 같고 그의 길을 달리기 기뻐하는 장사 같은 영적인 태양(아들)이 실은 예수님이라는 것을 즉시 알 수 있다. 주님의 마지막 때 계획과 관련하여 성령께서 이 구절들을 얼마나 자주 되살려 주시는지! 시편 45편에서는 그분의 혼인과 어린 양의 혼인 잔치를 위해 준비된 왕을 볼 수 있다. 그리고 시편 19편에서는 그분께서 존귀와 권능으로 옷 입고 신방에서 나오시는 것을 볼 수 있다.

말씀은 뭇 언어와 족속과 열방에게 전달되며, 곧 물이 바다를 덮음 같이 여호와를 아는 지식이 세상을 덮게 된다. 주님의 기름부음 받은 자들은 이미 그 시대의 위대한 완성을 미리 보았을 뿐 아니라 경험하였다. 현재에도 이 말씀은 성취되고 있다. 스펄전의 말을 다시 살펴보자.

하나님의 은혜의 길은 웅대하고 넓으며, 그분의 영광으로 충만하다. 이는 온 세상을 향해 어느 정도는 선포되었다. 그러나 때가 되면 모든 사람에게 더 완벽하게 공표될 것이다. 예수님께서는 태양처럼 사람들 가운데 모든 빛으로 나타나시고 거하셔서 신랑으로서 교회를 기뻐하시며, 소유된 자들에게 자신을 계시하신다. 그분께서는 그들을 구원하기 위해 투사처럼 싸우신다. 그분께서는 땅끝까지 축복하시며 자비로 운행하신다. 아무리 타락하고 부패한 영혼일지라도, 주님을 찾기만

하면 사랑의 위로와 온기와 은총을 얻게 된다.

다른 작가는 이 말씀을 매우 흥미로운 방식으로 해석하였다. "물질계의 태양은 하늘의 맨 끝에서 나와 황도 십이궁을 통과하여 다시 끝으로 돌아온다. 이와 마찬가지로 의의 영적인 아들께서는 열두 별자리를 통과하듯 열두 제자에 의해 온 세상을 순회하시어 '그분의 백성 이스라엘의 영광'뿐 아니라 '이방인을 비추는 빛'이 되시고, '땅의 모든 끝'이 우리 하나님의 구원을 볼 수 있게 하셨다."

이 시편 후반부에는 기록된 말씀을 향한 다윗의 강렬한 사랑이 드러난다. 그는 말씀의 완벽함과 확실함, 공정함, 순결함, 능력, 진리를 노래하며 기뻐한다. 또한 말씀이 믿는 자에게 회심과 지혜, 즐거움, 깨달음, 의를 주심을 선포한다. 그리고 그는 말씀이 금보다 귀하고, 꿀보다 더 달다는 것을 발견한다. 한 청년의 심령에서 성경 말씀에 관하여 이토록 열정적인 찬양이 나왔다는 것이 정말이지 놀랍기만 하다!

말씀을 격찬하던 다윗은 곧장 자신의 심령을 살핀다. 그는 여호와께 정결과 지시를 구하며 기도한다. 마지막 구절은 이 시편의 첫 구절만큼이나 유명하고 사랑받는 말씀이다. "나의 반석이시요 나의 구속자이신 여호와여 내 입의 말과 마음의 묵상이 주님 앞에 열납되기를 원하나이다"(시 19:14). 이제 그는 우주가 아닌 자신의 심령에 대해 노래한다. 이 노래는 창조 가운데 깃든 하나님의 대우주와 인간의 심령에 깃든 그분의 소우주 사이를 가로지른다. 그리고 다윗은 후자가 별이 빛나는 하늘보다 더 하나님께 중요하다는 것을 분명히 알았다!

여호와여, 왕을 구원하소서!

시편 20편의 저자가 누구인지에 대해 성경 주석가들이 완전히 합의하지는 않지만, 대부분 다윗의 저작으로 보고 있다. 실제로 이 시편에는 다윗의 특징이 묻어난다. 이는 성전 경배가 확립된 이후 기록된 것으로 보인다.

왕은 어떤 침략자에 맞서 곧 군대를 이끌고 나가려 한다. 혹자는 그 적군이 사무엘하 10장에 언급된 암몬과 아람 족속이라고 말한다. 그들은 전쟁에서 말과 병거를 썼는데, 이스라엘 민족에게는 금지된 것들이었다. 다윗은 전투에 나가기 전에, 자기 사람들을 데리고 성전으로 갔다. 다윗이 여호와께 제사를 드리러 들어간 동안, 사람들은 휘날리는 깃발 아래 정렬하였다.

이는 메시아적인 시편으로서, 제목에 따라 악사장에게 주어졌다. 또한 시편 24편처럼 대화체이기도 하다. 제시된 순서는 다음과 같다.

1-3절 : 모인 백성들의 기도
4절 : 대제사장의 말
5절 : 다윗과 그의 하인들, 마지막 부분은 제사장이 말함
6절 : 제사를 드린 후의 제사장

7-8절 : 다윗과 그의 사람들

9절 : 회중

    이 시편은 국경일, 대관식 및 그 외 전쟁과 관련된 특별 행사에 널리 사용된다. 후기 성도는 물론 초기 성도들도 특히 영적 전쟁과 관련하여 이 시편을 많이 사랑하고 인용하였다. 5세기 초 성 패트릭은 드루이드교의 '거룩한 불' 제전 때 그에 맞서 부활절 예배를 드리면서 이 시편을 인용하였다. 왕은 군사와 말과 병거를 보내 주었고, 그는 여정 내내 5절을 인용하였다. 성 패트릭은 주님의 말씀으로 드루이드 교도를 이겼고, 아일랜드에 기독교식 예배를 세웠다.

    대영제국 국민에게는 이 시편에서 유래한 특별한 구호가 있다. "하나님이여, 왕(여왕)을 구원하소서!" 그들은 이 구절을 따서 국가를 만들었다. 그러나 미국에는 훨씬 더 강한 구호가 있다. 바로 영국 국가의 가락에서 나온 '아메리카'라는 곡이다.

    이 곡의 가사 중에는 9절의 참된 의미를 표현한 부분이 있다. "주의 힘으로 우리를 보호하소서, 위대하신 하나님 우리 왕!" 성령께서는 왕 되신 그리스도와 그분의 왕국과 관련하여 이 시편을 우리 심령에 반복적으로 보여 주셨다. 어떤 번역본은 같은 구절을 이렇게 해석한다. "오 주님, 왕을 구원하소서. 우리가 부르짖는 날에 우리에게 응답하소서!" 또 다른 해석은 이러하다. "오 여호와여, 왕에게 승리를 주소서. 여기 우리가 부르짖사오니!"

    이 시편의 모든 구절은 지금 시대에 특히 중요하다. 참으로 주님께서는 오늘날 전 세계의 문제에 대한 우리의 기도를 들으셨다. 그분께서는 우리를 보호하시는 신성한 이름의 능력을 가르쳐 주셨고, (이 땅과 하늘에 있는) 성소로부터 끊임없이 우리에게 도움을 주신다. 또한 시온으로부터 우리를 강하게 하셨고, 우리가 드린 물질적·영적 제물과 제사를 모두 받으셨으며, 우리에게 그분 안에서 소망을 이루고자 하는 갈망을 주셨다.

주님께서는 찬양하고 기뻐하는 법을 가르쳐 주셨다. 또한 기름부음 받은 자들을 지속적으로 보호해 주셨으며, 그분의 오른손의 구원하는 능력을 분명히 나타내셨다. 정말이지 우리는 주님의 이름을 기억하며 되풀이한다. 우리가 경배와 승리로 주님 앞에 세워질 때, 원수는 계속해서 쓰러진다! 놀랍도다! 우리 왕과 그분의 왕국은 위대하다!

"때로 당신의 찬양이 약해 보인다면, 이것을 기억하라. 강하게 외치고 소리 높여 노래할 수 없을지라도, 당신은 여전히 하나님에 대한 갈망을 담아 숨을 내쉬듯 찬양과 송축을 속삭일 수 있다."

목자의 시편

시편 23편은 의심할 여지없이 가장 유명하고 사랑받는 시다. 이는 다윗의 소년 시절의 삶과 하나님에 대한 초기의 인식을 반영한다. 언제 기록되었든지 간에 23편은 분명 다윗의 시편 중 가장 손꼽히는 위대한 시다. "어린 아기와 젖먹이들의 입에서 나오는 찬미를 온전하게 하셨나이다"(마 21:16). C. H. 스펄전은 그의 저서 《설교의 황제 스펄전의 시편 강해》(The Treasury of David)에서 이 시편을 높이 칭송하였다.

> 이는 다윗이 하늘의 영감을 받아 지은 전원시이자 어떠한 음악으로도 능가할 수 없는 빼어난 송시이다. 우리는 존 번연이 말한 굴욕의 계곡에 있는 소년 목자처럼, 넓게 드리워진 나무 아래 양 떼에 둘러싸여 앉아 있는 다윗의 모습을 그려 본다. 그는 기쁨이 가득한 심령으로 이 최고의 전원시를 노래하고 있다. 혹시 이것이 말년의 작품이라면, 그는 분명 깊은 묵상에 빠져 소년 시절 다니던 들판 사이로 잔잔히 흐르는 외딴 시냇가를 다시 찾았을 것이다. 이 시편은 알알이 온화하고 깨끗한 광채를 빛내는 시편의 진주이다. 기쁨에 찬 이 노래에는 신심과 시심이 동일하게 담겨 있으며, 그 감미로움과 영성은 타의 추종을 불허한다.
> 이 신성한 송시는 눈물지으며 밤새우는 사람들의 귀에 달콤하게 울려 퍼지며, 기쁨의 아침을 소망케 한다. 또한 나는 이 시를 종달새에 비유해 본다. 날아오르면서 노래하고, 노래하면서 날아오르며, 멀리 날아가 눈에 보이지 않을 때에도 여전히 소리가 들려온다.

구약 시대에 친절하시고 나를 사랑하시는 목자이신 여호와를 깨달으려면 어린아이의 심령, 그것도 성령의 깨달음을 얻은 어린아이의 심령이 필요했다. 히브리인들에게 있어 하나님은 전사이자 재판관, 율법제정자, 통치자, 훈련자였다. 그분은 강하고 엄격하시며, 사랑보다는 두려움의 대상이었다. 그러나 다윗은 하나님의 위엄 너머, 그분의 심령에 있는 긍휼과 자비와 애정을 보았다. 그는 처음으로 "주님은 나의 목자시니"라고 노래한 사람이었다. 그리고 다윗은 목자가 자신의 양들을 얼마나 사랑하는지 경험을 통해 알고 있었다.

목자는 양들과 친밀하게 생활하면서 헌신적으로 돌보고, 용감하게 보호하며, 그들을 위해 기꺼이 목숨도 내놓을 준비가 되어 있다. 따라서 사람들을 위해 목숨을 내려 놓으시는 예수님의 모습을 담은 시편 22편이 23편으로 이어지는 것은 당연한 일이다. 그리하여 시편 22편은 선한 목자의 시, 23편은 위대한 목자의 시, 24편은 목자장의 시라고 불린다.

야곱은 임종하며 남긴 예언에서 주님을 '이스라엘의 반석인 목자'로 언급하였다(창 49:24). 수세기 후 다윗에 의해 되살아난 이 비유가 얼마나 뛰어난 것이었는지! 다윗 이전에는 단 한 사람, 그 자신도 목자였던 모세만이 주님을 목자로 여겼다(민 27:17). 애굽 사람들에게 목자는 혐오의 대상이었다. 심지어 이스라엘 백성 사이에서도 목자는 존중받기는 했지만 특별히 명예로운 일은 아니었다. 이런 면에서 다윗의 계시는 매우 비범하다. 아이처럼 단순하고도 경이로운 이 달콤한 노래로 인하여 우리는 다윗에게 얼마나 큰 빚을 지고 있는가!

선지자 이사야와 예레미야도 반복적으로 목자라는 개념을 사용했다. 또한 예수님도 요한복음 10장의 비유와 잃은 양의 비유를 통해 같은 개념을 친히 확증하고 확대하셨다. 주님께서 우리에게 남기신 자화상 중 이보다 더 감동적인 것은 없다. 또한, 요한복음 말미에는 주님께서 베드로에게 그의 양을 목자처럼 돌보고 먹이라고 말씀하시는 것을 볼 수 있다.

　베드로와 바울은 둘 다 예수님을 목자로, 또한 목사를 작은 목자로 표현하였다. 심지어 성경 마지막 권인 요한계시록에서도 주님께서는 어린 양이자 동시에 양을 생명의 물가로 인도하시는 목자로 묘사된다.

　아무리 읽고, 암송하고, 공부하고, 설교를 들어도, 시편 23편에는 항상 취할 만한 새로운 진리의 보석이 있다. 한 번은 한 회원이 자신이 받았던 영감 어린 계시를 나누어 주었다. 그녀는 1절에서 다윗이 여호와를 목자라 일컫는 데 주목하였고, 계속 읽어 가는 중에 성령께서 이 짧은 노래 안에 여호와의 모든 이름이 숨어 있음을 보여 주셨다.

"여호와는 나의 목자시니" – 여호와 로이(Jehovah-Rohi), 주님은 나의 목자.

"내게 부족함이 없으리로다" – 여호와 이레(Jehovah-Jireh), 주님께서 공급하시리라.

"그가 나를 쉴 만한 물가로 인도하시는도다" – 여호와 샬롬(Jehovah-Shalom), 주님은 평강이시다.

"내 영혼을 소생시키시고" – 여호와 라파(Jehovah-Rapha), 우리의 치유자 되시는 주님.

"의의 길로" – 여호와 치드케누(Jehovah-Tsidkenu), 우리의 의 되시는 주님.

"내 원수의 목전에서" – 여호와 닛시(Jehovah-Nissi), 나의 깃발(보호) 되시는 주님.

"기름을 내 머리에 부으셨으니" – 여호와 메카데쉬(Jehovah-M'Kaddesh), 거룩하게 하시는 주님.

"내가 여호와의 집에 영원히 살리로다" – 여호와 샴마(Jehovah-Shammah), 주님께서 거기 계시다.

다른 종교에 속하거나 종교가 없는 사람들이 목자의 시편을 애호하고 주장할지라도, 이는 오직 속량 받은 사람에게만, 다시 말해 양에게만 적절하게 적용된다. 목자가 돌보는 대상은 야생 동물이나 염소나 나귀가 아닌 양이다. 그리고 잃은 양의 비유에서 목자는 아흔아홉 마리를 두고 잃어버린 한 마리 양을 찾으러 간다. 오직 하나님의 어린 양과 동일한 새로운 본성을 받고 거듭난 사람만이 온전히 양이라 불릴 수 있는 것이다.

23편의 초반부에는 하나님의 자녀의 사색적이면서도 활동적인 삶이 나타난다. 먼저 사색적인 면이 언급된다. 주님께서는 우리를 바로 활동과 섬김으로 이끌지 않으시고, 먼저 안식으로 인도하신다! 우리는 푸른 초장에서 말씀을 먹으며, 쉴 만한 물가에서 마시고 눕는다. 이 모든 것은 기도하며 하나님을 앙망하는 것을 상징하는데, 이사야 40장 28–31절을 떠오르게 한다. 주 안에서 안식하고, 그분을 앙망하며 경배하고 묵상하는 법을 배운 사람들은 능력 안에서 새로워지고 고양된다.

다음 부분에서는 활동적인 면, 즉 증인이 되어 섬기는 의의 길을 묘사한다. 이어서 사망의 음침한 골짜기가 나오는데, 이는 고난과 위험과 고독과 시험이 따르는 순례의 길이다. 또한 그 길에는 교정하심과 보호하심이 있으며, 이를 통하여 자녀의 신분으로 들어가는 점진적인 성숙이 일어난다. 모든 것이 지난 뒤에는 주님과의 큰 잔치가 있다. 광야에 차려진 상, 기름부음, 가득 채워진 잔! 그리고 영원한 선하심과 인자하심과 아버지 집에서의 안식이 대미를 장식한다.

마지막 헌사는 목사이자 노예 제도 폐지 운동가인 헨리 워드 비처의 말로 대신하려 한다.

시편 23편이 탄생한 날이 얼마나 복된가! 이는 노래하는 천사처럼 온 땅에 퍼져 모든 민족의 언어로 불리면서 신성한 권능으로 문제를 쫓아 버린다. 이 '순례'는 수많은 비탄을 안식으로 바꾸는 데 세상 어떤 철학보다도 더 큰 마력을 발휘했다. 해변의 모래보다 많은 흉악한 생각과 어두운 의심과 삶을 좀먹는 슬픔들이 이 시로 인해 지하 감옥으로 송환되었다.

이 시는 고결한 빈자를 위로하고, 낙담한 군인에게 용기를 노래하며, 아프고 묶인 자의 심령에 위안과 위로를 부어 주었고, 죽어가는 병사들이 편안히 눈감게 해 주었다. 또 수감된 죄수의 사슬을 풀어 주었고, 죽어 가는 노예를 그 주인보다 더 자유하게 하였다. 그러나 그 사역은 다 끝나지 않았다.

이 시는 모든 세대를 지나 계속 불릴 것이며, 마지막 순례자가 무사히 여정을 마치고 때가 다하기까지 날개를 접지 않을 것이다. 그런 후에 근원되신 하나님의 품으로 다시 날아가리라.

다윗의 영광의 찬가

　　다윗의 고귀한 보석 중에서도 시편 29편은 빼어난 아름다움과 권능을 자랑한다. 이 시에는 천국의 왕관에 어울리는 보석이 있다! 이는 '천둥 번개'의 노래라 불릴 정도로, 극렬한 폭풍에 대한 다윗의 반응을 묘사하고 있다. 그러나 실제 주제는 '주님의 영광'과 '영광의 하나님'이므로, 이 시편을 다윗의 영광의 찬가라 부르기로 하자. 이 시는 앞의 8, 19편과 함께 다윗이 목자 생활을 하던 시기에 지은 것이 확실해 보인다.

　　뇌우는 자연이 보여 주는 매우 극적인 공연이다. 이것은 사람에게나 동물에게 강한 영향과 인상을 주는데, 특히 야외에서 마주칠 때는 더욱 그럴 것이다. 동물은 폭풍이 시작되기 전부터 접근을 감지하고 동요하기 시작한다. 드디어 폭풍이 시작되면, 다양한 반응이 나타난다. 어떤 것은 겁먹어 눌려 있고, 어떤 것은 심지어 기쁜 듯이 날뛴다.

　　마찬가지로 사람도 다양한 반응을 보인다. 많은 원시 부족들은 신이 자신들에게 천둥으로 포효하고, 번개로 무기를 쏜다고 믿었다. 시인과 예술가는 그 아름다움과 음악성에 열광했고, 과학자는 폭풍 발생의 비밀을 곰곰이 생각했다. 그러나 예술가이자 경배자인 다윗은 폭풍 가운데 하나님을 향한 자신의 감정이 크게 일어나는 것을 느꼈다. 천둥의 포효에서는 높고 거룩한 경배로의 부르심을 들었고, 번개의 섬광에서는 하늘 보좌를 둘러싼 전광을 보았다. 눈에 보이는 물리적 힘은 다윗에게 있어 창조주의 영적 권능을 품은 은폐물에 지나지 않았다.

　　그 당시 인간은 하늘에 닿는 법이나 뇌우를 일으키는 신비한 에너지를 활용하는 법을 아직 배우지 못했다. 그러나 그때로부터 3천 년이 지난 지금, 우리는 그러한 지식의 경이를 누리며, 전기가 하나님의 능력을 상징한다는 것을 안다.

분명 다윗은 양을 돌보면서 이런 폭풍을 자주 목격했을 것이다. 어떤 때는 산에서 맞닥뜨렸을지도 모른다. 당시 느낀 위엄과 경이감은 그에게 깊은 인상을 남겼고, 수세기가 지나도 남아 있는 이 노래의 가사를 만들어 주었다. 아마도 다윗은 나무에 번개가 쳐서 불이 붙는 것을 보았을 것이다. 그에게는 그것이 황홀한 심령의 제단 위에서 타는 불과 같았다! 어떤 때는 소리 높여 경배를 외쳤다.

"너희 권능 있는 자들아 영광과 능력을 여호와께 돌리고 돌릴지어다!"(시 29:1) 이 구절의 원문은 하늘에 있는 천군 천사들, 즉 '능력 있는 천사들'을 직접적으로 가리킨다. 다윗은 기쁨으로 어찌할 바를 모르고, 심령에서는 자녀 됨의 영이 차오른다. 그는 하늘의 성전 뜰로 들어 올려져서 하나님 안에서 그의 영원한 소명인 찬양과 경배의 수장 역할을 맡았다.

"여호와께 그의 이름에 합당한 영광을 돌리며 거룩한 옷을 입고 여호와께 예배할지어다"(시 29:2). 여기에는 고결한 영감과 위대한 시적 예술이 있다! 이 구절은 처음 다윗의 심령에서 탄생했을 때처럼, 오늘날 경배하는 우리 안에도 고귀하게 살아 있다. 성령께서 우리의 심령과 입에서 이 구절을 되풀이하실 때, 우리 또한 하늘의 성소로 들어 올려진다. 그리고 우리는 히브리서와 계시록에 기록된 내용을 떠올리게 된다. 그러나 다윗은 그들의 기록을 읽은 적이 없다. 오직 성령의 직접적인 영감으로 노래한 것이다.

짧은 문장 하나하나가 마치 천둥소리와 같다. 그리고 '여호와의 소리'가 일곱 번 천둥 친다! 계시록에 나오는 일곱 천둥의 장엄한 서곡! 알렉산더 맥클라렌은 시편 29편에 대해 다음과 같이 아름답게 기록했다.

시편 29편의 구조는 산을 진동시키는 굉음의 메아리 소리를 반복한다. 일곱 번의 포효가 세상을 뒤흔든다. 짧은 구절 안에 휴지를 두고 동일한 구조의 같은 말로 시작되는 연속적인 굉음이 들린다. 침묵이 그 사이를 갈랐다가 다시 변함없는 단음이 들려온다. 그중 하늘과 땅을 울리는 세 번의 진동에는 모방하는 구절이 바로 이어진다(3, 5, 8절). 이 시에는 폭풍의 범위와 영향이 생생하게 묘사되어 있다. 폭풍은 처음에 '물 위에' 있다. 이는 아마도 지중해를 가리키는 것일 수도 있지만, 더 가능성 있는 것은 '궁창 위에 있는 물'이다. 그러면 이는 공중에 높이 모인 구름을 묘사하는 것이다. 그때 폭풍이 굉음과 함께 북쪽 산에 내려와 울퉁불퉁 마디진 백향목을 쪼개며 앞으로 쓸고 간다. 아마도 시편 기자 주변에 온통 폭풍이 임했을 것이다.

가장 먼 북쪽에서부터 폭풍이 닥치는 소리가 들리는 동시에, 남쪽 끝에서 폭풍의 포효가 메아리친다. 끔찍한 소리가 광야를 진동한다. 카데쉬까지 남쪽으로 미진이 퍼지고, 에돔 숲으로 도망치던 야생 동물들은 깜짝 놀라 낙태하며, 삼림의 우거졌던 영광은 해를 입고 벗겨지고 만다. 그러는 동안 줄곧 소요를 뚫고, 하늘의 성전에 있는 하나님의 자녀들이 웅장한 화음 같은 소리로 '영광!'이라 선포하는 음성이 들린다.

이 시편은 현재의 묵상뿐 아니라 과거의 이야기에 근거를 둔 확신에 찬 고귀한 말로 마무리된다. 한때의 폭풍은 기진하여 물러가고, 새로워진 세상을 덮은 온화한 푸르름으로부터 다시 햇살이 비치며, 잎사귀에 맺힌 빗방울마다 다이아몬드의 빛으로 반짝인다. 이 시편의 마지막은 빛이 온 이후를 말한다. "여호와께서 자기 백성에게 평강의 복을 주시리로다"(시 29:11).

이 웅장한 영광의 찬가는 마지막 때 성령의 부어짐을 받은 많은 사람들에게 감동을 주었다. '영광의 자녀'로 준비된 사람들은 때로 다윗이 느낀 것과 유사한 환희에 사로잡히곤 한다. 그들은 성소에서 경배하는 것의 아름다움과 경이로움을 새로이 알게 된다. 그들은 천둥과 바람과 바다와 하늘에서 주님의 음성을 듣고, 다윗과 같은 찬양으로 화답한다. 그들은 언젠가 "여호와께서 그의 군대 앞에서 소리를 지르시고"(욜 2:11) 온 땅이 진동할 것을 알고 있다.

그들은 종말의 때를 알리는 일곱 천둥을 기대하며 기다린다. 그리고 "여호와의 영광이 나타나고 모든 육체가 그것을 함께 보리라"(사 40:5)는 것을 확신하며 기뻐한다. 그들의 가장 큰 관심은 거룩한 아름다움으로 주님을 경배하고, 그 거룩한 이름으로 인해 주님께 늘 영광을 드리는 것이다! 그들은 이미 관을 쓰고 좌정하신 영원불멸의 왕을 바라보고 있다!

갈급한 영혼

시편 42편의 저자가 누구인지에 대해 성경 주석가들은 합의하지 못했지만, 대부분은 다윗의 저작으로 보고 있다. 이 시편에는 참으로 다윗의 특성이 나타나며, 특히 저자가 최고의 시인임을 알 수 있을 정도로 시적으로 우수하다.

42편은 수사슴, 시냇물, 반석이신 하나님, 살아 계신 하나님, 성일을 지키는 무리 등 다윗이 주로 사용했던 상징과 표현으로 가득하다. 시리아 역본은 다윗이 유배 중에 이 시를 지었다고 말한다. 그리고 일반적으로는 다윗이 압살롬의 반역으로 추방되었을 때 이 시를 기록한 것으로 본다. 이 시기에 다윗은 그가 예루살렘에 지은 아름다운 성막 예배에 참여할 수 없었다. 그리하여 이 시편에는 언약궤, 주님의 노래와 음악, 열렬하고 집중적인 회중 예배를 향한 다윗의 열망이 묘사되어 있다. 그는 왕좌와 왕국의 영광을 잃어서가 아니라 성소에서 경험했던 높고 거룩한 경배를 하지 못하는 것 때문에 애통해한다.

42편은 최고의 노래를 부르는 명예로운 가수인 고라 자손을 위한 마스길, 즉 교훈적인 시이다. 이 시는 공중 예배 및 공적인 사용을 위해 만들어졌다. 스펄전은 분명 다윗이 이 시를 지었다고 믿으며 다음과 같이 말하였다.

다윗은 공중 예배 참석이 금지되어 매우 상심한다. 그는 안락을 구한 것이 아니요, 영예를 갈망한 것도 아니다. 그의 영혼은 예배와 하나님과의 거룩한 교통의 기쁨을 긴박하게 필요로 했다. 그는 그것을 단지 가장 멋진 사치품으로 여긴 것이 아니라 수사슴에게 있어 물과 같은 절대적인 필수품으로 여겼다.

물병은 텅 비고 우물도 말라 버려 갈증으로 죽어 가는 광야의 메마른 여행자처럼, 그는 하나님과 교제하지 못하면 쓰러질 것이다. 수사슴이 울부짖듯, 다윗의 영혼이 기도한다! 오래 달린 후에 숨이 막혀 헐떡이는 사람처럼 그의 심령은 들썩이고, 가슴은 박동하며, 온몸에는 경련이 일어난다.

여기에는 성경 어디에서도 표현하지 못한 예배를 향한 갈망이 나타난다. 이러한 극한의 목마름과 열정에 비하면 우리의 갈구와 동경은 얼마나 미미하고 허약한가!

비록 다윗과 같은 외적 고난과 핍박과 배신과 축출을 경험하지는 않았더라도, 우리는 수많은 절망의 때에 이 시편에서 위로와 힘을 얻었다. 우리도 여기에 묘사된 거절과 적의와 반대와 고독을 어느 정도는 알고 있다. 우리도 어둠과 죽음의 홍수가 영혼을 휩쓸어 가는 것을 느껴 보았고, 그 잔인한 물결에 난타당하기도 했다. 어떤 때는 광야로 인도되어 가뭄 가운데 쓰러지기도 했다.

우리도 성령님을 갈망한다는 것이 무엇인지 안다. 눈물이 쏟아져 내리고, 하나님은 사라지시거나 멀리 계신 것만 같을 때, 이 노래가 우리에게 지혜와 영감과 힘을 주었다. 계속 쓰러져 있어서는 안 된다. 극심한 고난 중에도 심령을 쏟아 내고, 주님을 찬양해야 한다. 슬픔으로 망연자실하는 것이 아니라 주님께서 베푸신 축복을 기억해야 한다. 어둔 밤이나 길고 지치는 낮이나 계속해서 노래하고 기도해야 한다. 우리는 원수의 비웃음에 눌리지 않고, 계속해서 소망하고 찬양해야 한다.

그렇다. 이 노래는 분명 다윗이 지은 노래이며, 시편 43편으로 이어지는 것으로 보인다. 다윗은 다시 하나님의 제단에 서서 주 안에서 노래하며 기뻐하게 될 것을 확신에 차서 고대한다. 다윗은 분명 그러한 기쁨에 찬 회복을 경험하였으며, 남은 평생 주님의 집에 머물렀다. 그리고 우리도 그러할 것이다. 그렇다. 우리도 그럴 것이다.

녹스 번역본은 이 시편을 매우 아름답게 옮겼다.

오 하나님, 유수를 찾는 사슴처럼 나의 영혼이 주를 갈망합니다. 나의 온 영혼이 강하시고 살아 계시는 하나님을 갈망합니다. 내가 다시는 하나님의 임재 앞에 순례할 수 없게 될까? 아침저녁으로 눈물이 나의 음식이도다! 나는 매일 '네 하나님이 어디에 있느냐?'는 비웃음을 들어야 하는가? 옛 기억이 찾아와 나의 심령을 녹이는구나. 나는 하나님의 집, 그분의 장엄한 장막에 돌아가서 기쁨과 감사의 외침과 성일의 시끌벅적함에 둘러싸여 있었다. 영혼아, 너는 아직도 낙심하느냐? 평강이 없느냐? 하나님의 도움을 기다리라. 나는 감사함으로 나의 챔피언, 나의 하나님을 부르짖기를 멈추지 않으리라.

나는 슬픔 가운데 여기 요단 땅과 헤르몬과 미살 산에서 주를 생각하리라. 주님이 보내신 홍수의 포효에 둘러싸인 깊은 물이 서로 답하며, 물결과 파도가 연이어 나를 압도하나이다. 낮 동안 주께서 내게 자비를 보이셨으니 이 밤에 주님을 위한 찬송이 내게 있어 내 생명 되시는 하나님께 어찌 기도하지 않겠는가? 내가 나의 요새이신 주님께 "저를 전혀 생각지 않으시나이까? 제가 원수의 강한 압제로 애곡하며 다녀야 하겠습니까?" 할 것이나 나를 박해하는 자들은 "네 하나님은 지금 어디 있느냐?" 하며 끊임없이 조롱하고 괴롭히도다. 내 영혼아, 여전히 낙심하고 있느냐? 평강이 없느냐? 하나님의 도움을 기다리라. 나는 감사함으로 나의 챔피언, 나의 하나님을 부르짖기를 멈추지 않으리라.

시편에는 창조주의 손길이 스쳐간 인간 심령의 모든 음악이 담겨 있다. 민감함의 서정적 폭발, 뉘우침의 신음, 슬픔, 승리의 업적, 패배의 절망, 보장된 소망의 황홀감이 모두 모여 있다. 그 안에는 인간 영혼의 모든 부분이 해부되어 나타나며, 일출과 일몰, 탄생과 죽음, 약속과 성취 등 인류의 드라마가 집합되어 있다.

주님의 양 떼의 부르짖음

시편 44편의 저자가 누구인지 확실하게 정의할 수는 없다. 그러나 일반적으로 42편의 저자가 쓴 것으로 동의한다. 이 시편에는 다윗의 특성이 가장 두드러진다. 그러나 언제 이 시를 지었는지는 밝혀지지 않았다. 다만 부분적으로만 사실이고, 대부분은 예언이라는 것을 알 수 있을 뿐이다. 이러한 형태는 22편에서도 볼 수 있다. 다윗은 성령으로 말미암아 미래를 들여다보고 민족의 곤경과 재앙을 내다보아 이 내용을 서술할 수 있었다.

초대 교회의 교부들은 이 시편을 매우 선호하였다. 그들은 이것이 이스라엘보다는 교회를 위해 지어졌으며, 여기에 묘사된 끔찍한 고난은 교회에서만 성취된 것이라고 믿었다. 더욱이 바울이 그 연장선에서 44편의 일부를 인용하였기 때문에, 그들의 해석은 쉽게 납득된다.

오늘을 사는 우리는 이스라엘이 이 시에 기록된 극심한 패배와 노예 생활로 재차 삼차 고난을 받았던 것을 알고 있다. 그러나 이스라엘의 고난은 대부분 불순종 때문이었다. 반면 교회는 순종과 그리스도와의 교제 가운데 훨씬 위대한 순교의 고난을 받았다. 다윗은 바로 이런 종류의 패배를 노래하고 있다. 즉 하나님께서 그분을 신실하게 따르는 자들을 구하지 못하신 것처럼 보이는 외견상의 실패를 노래한 것이다.

"하나님이여 주는 왕이시니 구원을 베푸소서"(시 44:4). 우리는 종종 이렇게 외친다. 우리를 보호하고 구원할 무적의 능력을 가지고 계시면서도, 때로는 주님께서 우리의 위험과 고통에 무관심하고 주무시는 것 같을 때가 있다. 개인의 삶에서나 교회의 삶에서나 이는 사실이다. 주님께서는 많은 시기에 가장 신실한 신자들이 심지어 순교에 이르는 극심한 고난을 면하게 하지 않으셨다.

알다시피 지금도 다양한 나라에서 그리스도인에 대한 끔찍한 박해가 일어나고 있다. 그들 대부분은 우리보다 더 헌신되어 있다. 그들도 우리와 똑같은 주님을 섬기고 있다. 그러나 그들은 핍박을 면하거나 구출되지 못했다. 하나님께서는 왜 어떤 성도는 육체적인 해를 받지 않도록 기적적으로 구출하시고, 다른 누구는 악의 세력에 희생되도록 허용하시는가? 그에 대한 비밀은 여전히 우리를 당혹스럽게 한다. 주님께서 히브리 소년들을 불타는 용광로에서 놀랍게 구출하신 장면에서 우리는 모두 흥분한다. 그러나 성령께서는 구출보다는 그들이 가졌던 태도를 더 강조하셨다. 그들은 어떤 태도를 가졌는가? 그들은 왕에게 이렇게 말했다. "우리가 섬기는 하나님이 계시다면 우리를 맹렬히 타는 풀무불 가운데에서 능히 건져 내시겠고 왕의 손에서도 건져 내시리이다 그렇게 하지 아니하실지라도 왕이여 우리가 왕의 신들을 섬기지도 아니하고"(단 3:17-18).

그들은 능력의 하나님께서 그들을 구출하실 것을 전적으로 믿었다. 그러나 알 수 없는 이유로 하나님께서 구출하지 않으시더라도, 그들은 그분께 신실하기로 작정했다. 그들은 기적에 의해서든 죽어서든, 어쨌거나 악한 왕에게서 구출되리라는 것을 확신했다. 그리고 수세기 동안 그리스도인 순교자들은 이와 동일한 태도를 가졌다.

성령께서는 다양한 때에 다양한 방식으로 우리에게 이 복된 시편을 되살려 주신다. 우리도 '도살자에게로 가는 양'과 같이, 다시 말해 시편 기자가 노래했던 '잡혀 죽을 양 떼'의 일원처럼 될 때가 있다. 우리가 종일 당하는 죽음은 육체적인 것보다는 자아에 대한 죽음을 말한다. 우리의 고난과 깨어짐은 다른 사람이 보거나 알 수 없지만, 그럼에도 불구하고 실제적이며 고통스럽다.

우리에게도 주님께서 구원하러 일어나시지 않고, 마치 주무시듯 오래 기다리시는 것 같을 때가 있다. 이런 상황에서도 우리가 주님의 은혜로 말미암아 그분의 언약을 어기지도, 마음이 위축되지도 않기를 소망한다. 또한 우리의 걸음이 결코 그분의 길에서 떠나지 않기를 소망한다.

너무나 이상하고 무익하게만 보이는 이런 고난들은 사실 구약과 신약의 모든 성도에게 주어진 유업의 일부이다. 그리고 주님의 양 떼에 속한 모든 사람은 하나님의 위대한 계획에 희생과 고난이 포함되어 있음을 발견할 것이다. 비록 시편 기자가 이 노래에서 승리하는 믿음의 자리에까지 이르지는 않았지만, 그는 주님의 자비에 의지하여 가혹한 시험을 통과함으로써 신실함을 증명했다. 수세기 후, 성령께서 부어진 뒤에 우리 주님의 사도들은 이 애가에 답하는 노래를 불렀다. 주제는 "이 모든 일에 … 우리가 넉넉히 이기느니라!"였다(롬 8:37). 그들은 그리스도의 고난에 동참하는 것은 영광이자 영예이며, 그분 안에서 현재의 고난은 장차 우리에게 나타날 영광과 비교할 수 없다고 분명히 말했다(롬 8:18). 또한 그들은 불 같은 시련을 통과하여 정결케 될 뿐 아니라, 열매를 맺게 된다는 것을 알았다.

순교자의 피는 실로 교회의 씨앗이다. 그리고 그리스도를 위한 어떤 희생이나 고난도 결코 헛되지 않다. 복되신 성령께서는 우리의 애가를 찬양과 승리의 찬가로 바꾸심으로써 이러한 진리를 거듭 증거하신다.

> 요나의 때로부터 오늘날까지, 고난받은 수많은 사람들은 자신의 소망과 두려움을 나타내는 가장 깊은 표현을 시편에서 발견했다. 우리 주님께서는 돌아가실 때 시편의 말들을 입에 담으셨으며, 첫 번째 순교

자 스데반도 그 거룩한 말들을 사용하였다. 또한 빌립보 감옥에서 바울과 실라도 밤새 시편을 노래하며 스스로를 북돋웠다. 십자가와 화형대와 교수대와 지하 감옥에서 극심한 고통으로 울부짖는 자들의 비통은 시편으로 치유되고 위로받았다. 긴장한 군중이 숨죽여 지켜보던 원형극장에서 어린 소년들과 소녀들은 시편을 힘입고 일어나 담대히 사자와 대면했다.

– 롤랜드 E. 프로테로

왕권을 상징하는 보석

초기 작가들은 일곱 개의 짧은 절로 구성된 시편 110편을 시편의 왕관으로 높이 평가하였다. 고대인들은 이 시편을 '우리의 믿음의 태양', '성서의 보물'이라 칭하였다. 마틴 루터는 이를 '왕관의 시편'이라 부르면서 고귀한 보석으로 치장될 만하다고 말하였다.

영국의 목회자이자 작가인 에드워드 레이놀즈는 17세기에 기록한 글에서 다음과 같이 말하였다.

이 시편은 구약 전체에서 그리스도의 위격과 직분에 대한 가장 충만하고 간명한 예언이다. 기본 진리로 가득 찬 이 시를 나는 '선지자 다윗의 신경(信經)'이라 부르지 않을 수 없다. "여호와께서 내 주(아도나이)에게 말씀하시기를"(시 110:1)이라는 첫 마디에서부터 삼위일체의 교리가 나타난다. 아버지께서는 성령으로 말미암아 아들을 성별하셔서 다윗의 주가 되게 하신다. 그리고 그리스도의 성육신, 고난, 갈보리에서 완성된 사역, 부활, 승천, 중보, 그분의 거룩한 몸인 시온에 대한 내용이 뒤에 이어지며, 또한 그분의 진노의 날과 마지막 승리의 때에 대해서도 엿볼 수 있다.

이처럼 옛 성도들은 110편에 나오는 왕권을 상징하는 보석을 상찬하고 감탄하였으며, 21세기를 사는 우리도 그 빛나는 영광을 들여다볼 때 특별한 의미를 발견할 수 있다. 킹제임스성경은 3절을 이렇게 표현한다. "주의 권능의 날에 주의 백성들이 아침의 태로부터 오는 거룩함의 아름다운 것들 가운데서 자원하리니 주께서는 주의 젊음의 이슬을 가지셨나이다"(시 110:3).

성령께서 이 구절을 심령에 너무나 자주 강조하셔서, 우리는 이것이 말일에 성령께서 부어지고, 그분의 백성 가운데 주님께서 강력하게 나타나실 것을 일컫는다고 확신한다. 이 사실은 우리를 매우 흥분시켰고, 우리는 과거에 성령의 음성을 통해 유사한 계시를 받았던 사람들을 다시 찾아보게 되었다.

가장 먼저 C. H. 스펄전의 말을 살펴 보자. 그는 다음과 같이 말하였다.

"여호와께서 시온에서부터 주의 권능의 규를 내보내시리니"(시 110:2).
현재 메시아의 능력은 교회 안에서, 그리고 교회를 통해서 알려진다.

여호와께서는 그분의 백성을 왕의 규로 다스릴 모든 권세를 예수님께 주셨다. 그리고 그 능력은 교회를 통해 신성한 에너지와 함께 나가서 선택된 자들을 모으고 모든 악을 제압한다. 우리는 하나님께서 신성한 권능의 규(지팡이)를 내보내시도록 기도해야 한다! 모세도 지팡이로 애굽을 격파하고 이스라엘을 위해 기사를 행하였다. 마찬가지로 주께서 그분의 능력의 지팡이를 내보내실 때마다 우리의 영적 원수가 정복된다.

이 약속은 성령강림절에 성취되기 시작하였고, 오늘날까지도 계속 성취되고 있으며, 장차 더 크게 성취될 것이다. 영원한 능력의 하나님, 우리 주 예수 그리스도의 능력이 더 분명하게 나타나서 주의 백성이자 처소인 시온으로부터 그 능력이 나오는 것을 열방이 보게 되기를! 마지막 때에 우리는 주님의 전능한 능력이 더 분명히 나타나기를 고대한다. "주의 권능의 날에 주의 백성이 … 즐거이 헌신하니"(시 110:3). 주께서 권능의 규를 내보내신 결과, 많은 사람들이 우리의 제사장 왕의 깃발 아래 자원하여 나올 것이다. 이 비유에 대해 부연하면, 이슬이 반짝이는 아름다움을 가진 것처럼 자원하는 군대는 거룩한 탁월함과 매력을 지닐 것이다. 다시 스펄전의 말을 살펴 보자.

주의 말씀이 하나님의 기름부음과 함께 선포되면, 주의 택하심을 받은 자들이 소집일에 모인 군대처럼 응하여 나올 것이다. 그들은 거룩함의 빛나는 제복을 입고 은혜로 단장하였다. 주님께서 기다리시는 동안 우리는 이 권능의 날이 실현되도록 지속적으로 기도해야 한다. 그리고 그분께서 권능과 권세의 자리에 앉으셔서 "내 아버지께서 이제까지 일하시니 나도 일한다"(요 5:17)는 말씀에 따라 능력을 행사하고 계시므로, 우리는 그날을 합법적으로 기대해도 좋다.

이번에는 알렉산더 맥클라렌의 말을 살펴 보자.

제사장 왕의 백성은 자원하는 군사들이다. 이 시편 전체의 군사적인 어조에 따라 해당 구절은 제사장 왕의 백성을 군대라고 표현한다. '권능'(power)은 옳게 번역된 것이지만, 이는 '군대'(army)로 번역할 수도 있다. 우리는 군대를 뜻할 때는 '권능들'이라 말하지 않고, '부대들' 또는 '병력들'이라고 말한다. 즉 '주의 권능의 날'(the day of thy power)이라는 표현은 '주의 힘의 날', '주의 군대의 날'이라고 옮길 수도 있다! 이는 그야말로 '주께서 병력을 소집하여 정렬하시고, 전쟁에 나가시는 날'을 일컫는다. 왕께서 정복하러 나가신다. 그러나 홀로 가지 않으신다. 그분께는 신실한 추종자들이 뒤따르며, 그들은 모두 자원하는 마음과 드높은 용기로 맹렬하게 공격할 것이다.

이 시편에서 노래하는 정복하는 왕은 영원한 제사장이기도 하다. 그리고 그분 뒤에는 제사장 군대가 뒤따른다. 생명을 내던질 드높은 용기와 자원하는 헌신으로 소집일에 모인 군사들은 군기 대신 언약궤를, 무기 대신 나팔을 들고 여리고를 에워쌌던 이스라엘 민족처럼 갑옷이 아니라 제사장의 겉옷을 입고 있다.

"주께서는 주의 젊음의 이슬을 가지셨나이다"(시 110:3, 킹제임스성경). 여기에서 젊음이란 '젊은이들'을 뜻하는 집합 명사이다. 주님의 군대는 젊은 전사의 무리로 묘사된다. 그들은 새벽이슬처럼 셀 수 없이 많으며, 신선한 힘과 반짝이는 아름다움을 지녔다. 이슬 같은 주의 청년들이 주께 나오는 것이다.

이슬은 왕과 그분의 군대가 존재하고 정복함으로써 세상에 전해 줄 신선한 회복을 상징한다. 이스라엘이 "많은 백성 가운데 있으리니 그들은 여호와께로부터 내리는 이슬 같다"고 말하는 미가서의 예언(미 5:7)도 동일한 상징을 담고 있다.

"(주께서) 길가의 시냇물을 마시므로 그의 머리를 드시리로다"(시 110:7). 16세기 프랑스의 개혁신학자 프란시스쿠스 유니우스는 이를 다음과 같은 의미로 이해했다. "패잔병을 추적하는 장수들이 먹고 마시는 일에 빠져 지체하지 않듯이, 그분께서는 승리를 향해 끊임없이 박차를 가하실 것이다." 이런 개념을 가장 잘 표현한 대표적인 인물이 기드온이다. 우리 메시아께서도 기드온처럼 승리를 향해 박차를 가하시며, 요단을 건너시고 완전한 승리를 거두기까지 멈추지 않으실 것이다. "주께서 땅 위에서 그 말씀을 이루고 속히 시행하시리라"(롬 9:28).

옛 사람들이 꿈꾸고 기록했던 사람들이 나타나기 시작하는 것을 보면서, 우리의 심령은 새로이 각성된다. 그분의 권능의 날! 주님께서 땅끝까지 그분의 능하신 일을 행하시도록 자원하는 사람들 중에 우리도 포함되어 있기를 소망한다.

아가서에 이런 말씀이 있다. "부지중에 내 마음이 나를 내 귀한 백성의 수레 가운데에 이르게 하였구나"(아 6:12). 이 구절의 주석에는 다음과 같이 적혀 있다. "나의 자원하는 백성들의 수레에 나를 태우라." 또한 다른 번역본은 "나의 왕자 같은 백성들"이라고 말한다. 우리는 이 구절에서도 왕자 같으며 자원하는(성별된) 백성들로부터 출발하시어 권능과 구원으로 순식간에 땅끝까지 나아가시는 주님의 모습을 볼 수 있다.

영광스러운 정복을 위하여 왕과 그분의 왕권을 상징하는 보석은 우리에게 속했으며, 또한 우리는 그분께 속하였다. "이제 그가 창대하여 땅끝까지 미치리라!"(미 5:4) 기억하라. 우리가 믿는 이 약속은 영원하신 분 여호와께서 그분의 독생자 아들, 우리 주 아도나이에게 하신 것이다. 아버지께서는 아들에게 하신 말씀을 지키실 것이다. 우리 주님께서는 자기 영혼의 수고한 것을 보고 만족하게 여기실 것이다(사 53:11). 그분께서는 적들이 발판이 되는 것을 보실 것이다.

〈 동이 틀 때에 〉

주의 젊음의 이슬과 함께

주의 백성들이 일어날 것입니다

주의 권능과 승리의 날에

주의 진리의 빛 가운데

그들이 자원하여

자신을 주께 드릴 것입니다

오, 우리 위대하신 대제사장께 만세!

오, 우리 영광의 왕께 만세!

거룩함의 아름다움 가운데

우리가 주께 찬양을 드리리

우리가 우리 자신을

즐거이 주께 드릴 때

우리를 이끄소서

주의 정복과 승리로!

- 프란시스 메트컬프

Chapter 10

주님의 나타나심

이 장은 금촛대 중보자 모임의 다양한 일원들이 대략 40년 전에 기록한 내용들이다. 그들은 다양한 교회 배경에서 왔지만, 모두 예수님을 더 깊이 알고자 하는 불타는 갈망을 가지고 있었다. 그들은 훗날 금촛대 중보자 모임이 된 중보기도 모임으로 함께 인도되었다.

아주 오래전에 기록된 이 글과 시들은 마지막 때를 향한 우리 주님의 갈망을 보여준다. 주님께서는 '그분을 기다리고 주시하는' 사람들에게 그때나 지금이나 친히 자신을 알리신다.

그분의 생명을 받으리니

그대의 영혼을 죽기까지 쏟아 내라

살아 있는 죽음, 죽어 가는 생명

그분께 굳게 결합된 모두를 위한 것이라네

그대가 자아와 죄에 대하여 죽을 때,

생명이신 그리스도께서 그대 안에 계시네

그대는 죽었지만, 여전히 살아 있네

그분의 생명이 나타나네

그러므로 그대를 통해

그분의 생명이 사시게 하라

다시 부어진 그분의 생명이

그리하여 먼저 세상이

그분을 보아야 하리라

그런 후에 그분께서 통치하러 오시리

- 마리안 픽카드

〈 계시록 〉

동쪽으로부터 그분께서 일어나시는 것을 보았네

영원한 문들을 휩쓰시며

머리를 들어라, 오 너희 황금 문들아

그분께서 일어나신다! 불멸의 강한 통치자!

끝에 살아 있는 불이 있는 그분의 날개가

땅에서 하늘까지 펼쳐지네

그분의 오른팔이 권능으로 펼쳐지네

그리고 그분의 손에는 일곱 별이 있네!

그분의 발은 광낸 주석처럼 환히 빛나고

그분의 눈은 사랑의 정결한 불꽃으로 번쩍이며

그분의 머리칼은 순백의 양털처럼 하얗고

그분의 얼굴은 찬란히 빛나네!

그분은 처음이자 마지막

알파요 오메가, 알레프요 타우

이전에도, 지금도, 앞으로도 계시는

다니엘이 보았던 전능자!

많은 물소리 같은 그분의 음성이

바다처럼 점점 커져 터질 듯한 포효에 이르렀네!

하늘과 땅이 모두 떨고

옛적 그날처럼 흔들리네

그분께서 이스라엘로 내려오신 그때

번개 중에 하늘이 절하고

그분의 발걸음이 메마른 광야를 뒤흔들고

그분께서 구름 속에서 백성 앞에 행진하신 그때처럼

그분께 눈이 있으니 주시하고 보시게 하라!

그분께 귀가 있으니 귀 기울이고 들으시게 하라!

그분께서 금촛대 사이를 거니시네

그리고 지금 그분의 백성에게 나타나시네!

지금 그분의 전령에게 말씀하시네

그분의 혀는 양날 선 검과 같네

오, 살아 계신 하나님의 살아 있는 교회여

주님의 살아 있는 말씀을 들으라!

- 프란시스 메트컬프

주님의 나타나심

그가 나타나시어 너희를 기쁘게 하실 것이요 (사 66:5, 킹제임스성경)

그리스도도 드려지셨고 … 죄의 부담을 가져오거나 죄를 다루기 위해서가 아닌, 자기를 열망하고 꾸준히 인내하며 기다리고 기대한 자들에게 온전한 구원을 주시기 위하여 두 번째 나타나시리라 (히 9:28, 확대역성경)

예수 그리스도께서 그분의 신비한 몸의 지체 가운데 나타나시고 드러나시는 것은 실제 육신을 입고 오실 완전한 성육신에 대한 영광스러운 징조이자 예고이다. 신약 전체는 근본적으로 이것을 가르치며, 사도 바울이 특히 강조하였다. "너희 안에 계신 그리스도시니 곧 영광의 소망이니라"(골 1:27). "우리가 다 수건을 벗은 얼굴로 거울을 보는 것 같이 주의 영광을 보매 그와 같은 형상으로 변화하여 영광에서 영광에 이르니 곧 주의 영으로 말미암음이니라"(고후 3:18). "하나님이 미리 아신 자들을 또한 그 아들의 형상을 본받게 하기 위하여 미리 정하셨으니"(롬 8:29).

그리스도 안에서 새로운 시대가 시작될 때부터 아버지께서는 속량 받은 자들의 거룩케 된 몸을 통하여 이 땅의 모든 세대에 그분의 아들이 나타나고 드러나도록 계획하셨다. 아버지께서는 그저 종과 추종자로서 그리스도를 모방하는 수준이 아닌, 그분의 씨 즉 하나님의 자녀 가운데 예수 그리스도의 성육신이 일어나기를 갈망하신다! 실로 예수님께서는 살아 있는 자들의 땅에서 끊어지셨지만(사 53:8), 자신을 기꺼이 산 제물로 드리는 사람들의 몸에 내주하심으로써 "씨를 보게 되며 그의 날은 길 것"이다(사 53:10).

그분께서는 몸이 없으시지만, 우리의 몸을 통하여 일하신다. "너희 몸을 산 제물로 드리라!"(롬 12:1) 왜 그렇게 해야 하는가? 그분께서 이 땅에서 다시 사시고, 일하시고, 말씀하시고, 보여지기를 원하시기 때문이다! 이것이 그분의 심령에 있는 큰 갈망이다!

초대 교회는 이 위대한 진리를 이해하였다. 사도행전은 사실 사도들 안에 계신 예수 그리스도의 행전이라는 이름이 더 어울릴지 모른다. 사도 바울을 통해 그리스도께서 너무 많이 나타나셔서 그가 항상 "내가 사는 것이 아니요 오직 내 안에 그리스도께서 사시는 것이라"(갈 2:20)

고 선포했음에도 불구하고 사람들은 그를 신성한 신인(God-man)이라 일컬을 정도였다.

전설에 따르면, 한 젊은 처녀가 순교하러 끔찍한 처형대로 가는 도중에 그를 얼핏 보았는데 바울이 아닌 예수님을 보았다고 한다! 예수님께서 영광 가운데 자신을 드러내셔서 그가 영웅적으로 죽을 수 있도록 힘을 주신 것이다.

그 당시 예수님께서는 교회(에클레시아)의 다양한 교인들 가운데 자주 나타나셨고, 때로는 꽤 공개적으로 그런 일이 일어났다. 다른 전설에 따르면, 한 헌신된 여신도가 고문을 받던 중에 몸이 기이하게 변하여 마치 십자가에서 내려지신 때처럼 상처 입고 피 흘리는 예수님의 못 자국 난 몸이 되었다고 한다. 신자뿐 아니라 불신자들도 이 장면을 목격하였고, 그들 모두에게 하나님에 대한 큰 두려움과 강한 확신이 임하였다.

이뿐 아니라 수많은 유사한 체험이 거의 모든 세대에 일어났다. 주님께서는 전적으로 양보된 그릇을 찾기만 하시면 기꺼이 육신의 장막을 벗으셨고, 때로 소수에게는 이 땅의 그릇 안에 살아 계시는 그분 자신을 보여 주셨다! 하나님께서 우리에게 주신 육신이라는 집이 성체화 될 때, 그분께서는 놀라운 방법으로 나타나실 기회를 얻게 된다. 그분께서는 우리를 위해 그분의 몸을 내어 주셨다. 그렇다면 우리도 그분을 위해 그리해야 하지 않겠는가?

구약에서도 하나님의 출현에 대한 많은 기록을 볼 수 있으며, 이는 때로 천사의 몸을 통해 일어났다! 이러한 나타나심이 얼마나 놀라운지! 그렇다면 "그분의 뼈 중의 뼈요, 살 중의 살"이 된 속량된 지체 가운데 그분께서 나타나신다면 훨씬 더 영광스럽지 않겠는가!

종말의 때에는 예수 그리스도께서 실로 전 세계적으로 하나님의 자녀 가운데 나타나실 것이다. 그들은 예수님의 이름과 형상으로 그분의 은혜와 구원과 심판을 전시하며 열방을 향해 나아갈 것이다. 우리는 이것을 기다리고, 기도하며, 준비하고 있다! 그리고 지금도 우리는 그 위대한 날의 징조를 체험하고 있다!

꿈과 환상을 통해 우리 주님을 보는 것은 놀라운 일이다! 또한 내적인 눈을 열고, 성령을 통해 그분을 보며 이해하게 되는 것은 더 영광스러운 일이다. 그러나 육신을 입고 나타나신 그분을 수건을 벗은 눈으로 공개적으로 볼 날이 임박했다! 그때는 상상할 필요가 없다. 그리스도께서 그분의 작품 안에서 움직이시고 말씀하시고 일하시는 것은 초자연적인 체험이다. 사실 이러한 나타나심은 믿기 어려운 일이다. 우리에게 이처럼 높고도 깊은 통찰과 고난, 그리고 영광을 주는 체험은 없다!

"마음이 청결한 자는 복이 있나니 그들이 하나님을 볼 것임이요"(마 5:8). 그분께서 우리에게 얼마나 가까이 다가오시는지! 한 시인은 이렇게 말했다. "사람들과 함께 사람으로 거하기를 기뻐하셨네. 예수, 우리의 임마누엘!" 또 다른 시인은 이렇게 말했다. "하나님의 길은 항상 사람과 함께 사람의 길을 택하시는 것이었다." 하나님과 함께 그분의 길을 택하는 사람이 단 한 명뿐일지라도 말이다!

주님께서는 가까이 다가오셔서 우리에게 말씀하시고, 사랑의 손길로 만져 주신다. 또한 우리를 위로하시고 생기를 주시며, 그분의 형상으로 변화시켜 주신다. 그분의 심령은 우리를 향한 사랑으로 충만하셔서 공개적으로 나타나도록 정하신 때를 기다리지 못하시고, 마치 "만삭되지 못하여 난 자"(고전 15:8)에게 오시듯 우리에게 오셔서 놀라운 축복과 실재를 맛보게 하신다!

"하지만 그것은 은총을 받은 몇몇에게만 일어나는 일이잖아요." 누군가는 이렇게 한탄한다. 사실이다! 그러나 하나님께서는 그분을 사랑하고, 사람의 인정보다는 하나님의 은총을 구하는 자에게 은택을 주신다. "그의 은택이 늦은 비를 내리는 구름과 같으니라!"(잠 16:15)

또 어떤 사람들은 하나님께서 그렇게나 많고도 다양하게 나타나신 것을 간과한 채, 이것이 마치 전에 없던 엉뚱한 교리인 양 불신앙의 목소리를 높인다. 불신앙은 영원히 눈을 멀게 한다!

그러나 열망하는 심령을 가진 소수는 오래전의 그들처럼 부르짖는다. "우리가 예수를 뵈옵고자 하나이다"(요 12:21). 그리고 예수님을 보는 그들은 영원히 이렇게 말할 것이다. "오직 예수 외에는 아무도 보이지 아니하더라!"(마 17:8) 우리는 감사하는 심령으로 열정을 다하여 다음과 같이 증언한다. "옛적에 여호와께서 나에게 나타나사 내가 영원한 사랑으로 너를 사랑하기에 인자함으로 너를 이끌었다 하였노라"(렘 31:3).

즐겨 부르던 복음성가가 이제는 나의 이야기로 들린다.

나는 그분을 보았네, 나는 그분을 알았네
그분께서 나와 함께 걸어 주셨네
그분의 임재의 영광이
영원히 나의 것일세

오, 그분의 임재의 영광

오, 그분의 얼굴의 아름다움

나는 그분의 것, 영원히 그분의 것

그분께서 나를 취하셨네

그분의 은혜로!

- 프란시스 메트컬프

보라 아버지께서 어떠한 사랑을 우리에게 베푸사 하나님의 자녀라 일컬음을 받게 하셨는가, 우리가 그러하도다 그러므로 세상이 우리를 알지 못함은 그를 알지 못함이라 사랑하는 자들아 우리가 지금은 하나님의 자녀라 장래에 어떻게 될지는 아직 나타나지 아니하였으나 그가 나타나시면 우리가 그와 같을 줄을 아는 것은 그의 참모습 그대로 볼 것이기 때문이니 주를 향하여 이 소망을 가진 자마다 그의 깨끗하심과 같이 자기를 깨끗하게 하느니라 (요일 3:1-3)

하나님을 기다리는 백성, 즉 마지막 때 성령께서 강력하게 부어질 것을 기대하고 고대하는 사람들은 새로운 영적 파동에 더욱 민감해지고 있다.

그들은 오랜 준비 기간 동안 많은 일을 겪었다. 십자가형, 안식, 휴거까지! 그들은 많은 분야로 진입하여 통과했고, 매우 어두운 곳까지 도달하여 침투해 들어갔다. 물론, 하나님의 성품의 숨은 보화를 탐험하여 만나게 되는 신나고 즐거운 장소도 있었다.

그러나 이것은 무언가 다르다. 완전히 새로운 것이다. 아마도 이 단계는 마지막 분야, 다시 말해 최고점 너머의 영역이다. 무한한 계시로 확장되고 확대되고 있는 영원한 천상의 영역인 것이다. 이처럼 영원성은 침략되고 있다!

이것이 예수 그리스도의 나타나심과 드러나심의 시작이다! 이는 기대와 고대, 성령의 환희와 경탄의 강력한 저류를 설명한다. 새로운 영적 진동의 물결을 포착한 사람들은 많은 경우에 군중을 끌어모으면서 크게 과시하기만 한다. 예언은 맹목적인 숭배의 대상이 되고, 예수 그리스도 대신 선정적인 것들이 높여지고 있다.

그러나 '숨은' 성도들은 다르다! 하나님을 참으로 사랑하는 자들은 놀라운 일을 목도하고 있다! 그들은 그분의 비밀을 헤아리며, 깜짝 놀랄 계시와 깨달음을 얻고 있다. 게다가 그들은 말씀이 실제로 증명되는 것을 보고 있다.

하늘과 땅이 서로 입 맞추며 뒤섞이고 있다. 하늘 왕국의 권능과 통치와 권세가 현존하는 어둠을 타도하며 왕국에 속한 자들에게 스스로를 나타내고 있다. 맹렬한 불이 세상을 삼키며 하늘과 땅이 너무나 멀어만 보이는 이때에, 이처럼 하나님께서 숨은 성도들에게 나타나시고 함께하신다는 것이 얼마나 역설적인가.

> 보라 어둠이 땅을 덮을 것이며 캄캄함이 만민을 가리려니와 오직 여호와께서 네 위에 임하실 것이며 그의 영광이 네 위에 나타나리니 (사 60:2)

하나님께서는 육신을 입고 자신을 소개하고 계신다. 그분께서는 많은 일에서 그분의 권능과 권세와 주권을 입증하고 계신다. 그분께서는 율법의 흠 없는 완벽함을 전시하시고 증명하신다. 그분께서는 우리 가운데 겸손한 종으로서, 왕으로서, 한 인간으로서 운행하신다! 예수 그리스도께서는 신성뿐 아니라 인성에 근거하여 나타나실 것이다! 하늘의 왕이신 분께서 사람들 사이에 그분의 왕국을 세우려고 내려오고 계신다. 그분께서는 사람들 사이에 사람으로 움직이고 계신다. 그분께서 가장 좋아하신 이름은 인자, 즉 사람의 아들이었다.

이는 어쩌면, 주님께서 어떻게 나타나실지에 대해 사람들이 나름대로 그려 본 생각과는 꽤 다를지도 모르겠다. 그러나 하나님은 결코 인간의 한정된 생각에 구속받지 않으신다. 그분께서는 유일하게 한 사람 앞에서 자신을 낮추실 것인데, 그는 바로 그분의 비둘기 같은 신부이다. 외인들이 주님에 대하여 이야기할 때, 신부는 그분의 궁정에서 주님께 직접 이야기한다. 그리고 그녀에게 주님께서 나타나신다!

— L. V.

주님께서 나타나실 때

그렇다. 천국이다! 속량자를 찾는 영혼은 하나님의 영역으로 들어갔고, 천상에서 첫걸음을 떼기 시작한다. 주님을 찬양하라! 이것이 가장 영광스러운 경험이 아니겠는가? 새 땅을 거니는 동안, 우리는 매일 새롭고 더 놀라운 것을 발견하게 된다. 그분께서는 사랑의 심령으로 우리에게 이제껏 알려지지 않았던 위대한 금고를 내어 주신다. 말하자면 숨겨진 금광인 셈이다. 당신이 발견한 광산이 영원히 당신의 소유라니, 생각만 해도 얼마나 흥분되는가!

복되신 성령께서는 우리에게 분명 그분에 대해 배운 모든 것을 서로 나누고 도우며 지도하라고 하셨다. 또한 주님은 그분을 개인적인 구세주이자 왕, 만유의 주로 삼는 특별한 만족감을 주셨다! 그리고 거룩한 삼위일체께서 끊임없이 사랑을 주고받으며 서로 헌신하시기에, 우리 또한 그리스도 안에서 그분을 찾는 다른 사람들과 기꺼이 삶을 나누도록 배운다. 예수님께서 나타나셨다! "이 땅의 기쁨은 점점 바래가지만 주님은 나의 것이다! 연약하기 그지없는 모든 속박을 부수라! 주님이 나의 것이다!"

그리하여 그분 안에 살고, 그분 안에 거하는 우리는 안식의 장소를 발견한다. 그곳에서 우리는 신뢰하고 순종하며, 기뻐하고 사랑하며, 또한 고난을 인내하며 그분을 점점 더 잘 알게 된다.

이러한 사랑스러운 삶은 하나님께서 보시기에 고귀한 아름다운 금실로 직조된다. 그들에게는 전적인 내려놓음의 은사가 있다. 이는 실로 은사이다. 이것은 주님을 향한 채워지지 않는 목마름이며, 열등품이나 모방품은 받아들일 수 없는 예술가의 갈망이다. 이는 최고만을 추구하기에 오직 하나님의 예술적 기교와 그분의 디자인으로만 만족할 수 있다!

정녕 무엇으로 이 하나님의 연인이 쏟아 내는 사랑과 사모를 막을 수 있겠는가? 정녕 누가 하나님의 이름을 찬양하는 이 시인의 영혼 가운데 타오르는 불을 끌 수 있겠는가? 무엇이 사랑스러운 신랑을 기뻐하며 추는 내려놓음의 거룩한 춤을 막겠는가? 심령을 사로잡은 신성한 연인 예수를 모든 것에서 발견하며, 흠모할 환상을 보는 그 눈을 누가 감히 닫겠는가?

오, 그리스도로 말미암아 완전히 정복된, 완전한 내려놓음의 은혜를 구하자. 그럴 때 비로소 모든 것 가운데 예수님이 보일 것이다. 우리는 중요한 것에서는 물론이거니와 지극히 사소하고 천한 것에서도 그분을 보게 될 것이다. 의식적으로나 무의식적으로나 매 순간 그분을 생각하고 그분의 임재를 신성한 보물로 귀히 여긴다면, 우리는 분명 그분의 사랑스러운 심령에 큰 기쁨이 될 것이다!

예수 그리스도와 지독한 사랑에 빠지자! 이 사랑은 한 사람의 삶을 횃불, 즉 '천상의 무모함'으로 불타는 하나님의 불꽃의 연료로 만든다.

주님께서 오시어 심신을 회복하실 수 있는 목장이 되자. 그분의 거룩한 그릇들이 놓인 성전이 되자. 그분과 어디든 함께할 준비가 된 동반자가 되자. 거룩한 노래를 부르는 즐거운 음유시인이 되자. 모든 일에 예수 그리스도를 나타내고 드러내도록 하라. 그리고 욥과 같이 말하라. "내가 주께 대하여 귀로 듣기만 하였사오나 이제는 눈으로 주를 뵈옵나이다"(욥 42:5).

이것이 당신의 심령이 부를 노래다!

나는 그분을 보네
대문의 덩굴진 장미에서
그 아리따운 자매들과 함께
데이지도 기뻐하며 뽐을 내네

나는 그분을 보네

푸르고 청명한 하늘에 높이 뜬 구름에서

나는 그분의 음성을 듣네

새로이 그분의 노래를 지저귀는 새들에게서

스쳐 가는 바람은

나를 향한 그분의 사랑의 말을 실어 오네

나무는 바스락거리는 잎사귀로 속삭이네

"그분이 얼마나 놀라우신가!"

나는 그분을 보네

햇살에서, 내리는 눈과 비에서

그리고 우렁찬 천둥 가운데

그분께서 나에게 다시 외치시네!

나는 그분의 음성을 듣네

염려로 가득한 날의 분주함 가운데

또는 세상과 떨어진 고요한 방 안에서

나는 그분의 임재를 느끼네

나는 그분의 사랑스러운 얼굴을 보네

어린아이의 귀여움 안에서

나는 그분을 발견하네

다정하고 부드러운 우정의 마음과 손길에서

나는 그분을 보네

내가 만나는 사랑하는 사람들의 영에서

나는 그분을 보네

절름발이와 눈먼 자와 거리에서 구걸하는 자에게서

그분께서 도처에서 나를 부르시니

나의 심령이 다른 무엇을 찾으랴!

친애하는 예수께서 내게 나타나셔서

모든 것을 통하여 말씀하시네!

- C. V.

주님의 나타나심을 사모하는 이들에게!

보라, 그분께서 오신다!

그분께서 소중한 사람 당신을 입고 나에게 오신다!

그분께서 육신을 입고 나타나기를 얼마나 원하셨는지

그분께서는 겸손한 방법으로 사람의 아들로 오시기 원하신다!

오, 복되신 주여, 우리 눈을 활짝 열어 당신을 보게 하시고 알아보게 하소서. 누구를 통하여 오시든지, 당신을 보고 영광 돌리게 하소서! 사랑하는 주님, 우리가 기도하오니 누구를 통하여 말씀하시든지 당신의 음성을 들을 귀를 주소서. 지체 높은 사람이든, 나이 든 경건한 여인이든, 유명한 성직자나 선지자든, 낯선 사람이든, 누더기를 걸친 거지든, 가족이나 배우자든, 초라한 행인이든, 아무것도 모르는 어린아이이든, 우리로 듣고 청종하게 하소서. 오직 주께만 순종하게 하소서! 주님께서는 원하시는 사람 안에 나타나시니 그저 우리를 도우사 당신을 알게 하소서, 주님!

보라, 그분께서는 당신을 통하여 나에게, 또한 나를 통하여 당신에게 오신다. 모든 것 되신 그리스도께서 모두를 통하여 오신다! 그리하여 그분께서는 소중한 각 그릇을 통하여 그분의 뜻을 나타내신다.

그렇다. 그분께서 오신다. 곧 오신다! 그분께서는 우리 서로를 통하여 우리에게 오신다. 복되신 예수님! 육신 안에 다시 성육신하신 분! 당신이 내 안에서 언제나 오직 예수님만을 보기를 소망한다. 아멘! 그분께서는 여기, 그분의 아들과 딸들 안에 계신다. 우리는 더 이상 서로를 육신을 따라 알지 않는다. 우리는 서로에게서 우리 주님의 몸을 알아본다! 우리는 아직 그분의 아름다움 가운데, 그분의 영광 가운데, 그분의 존귀 가운데 주님을 본 적이 없지 않은가!

그렇다. 그분께서는 고난과 수치 가운데 자신을 나타내셨다. 사랑과 긍휼함 가운데, 권능과 다스림 가운데, 힘과 이적 가운데, 신실하심과 믿음 가운데 자신을 나타내셨다. 뿐만 아니라 우리는 눈으로 그분을 본다. 그분께서 육신을 입고 나타나셨기 때문이다! 당신은 아직 그분을 전혀 본 적이 없는가? 그분의 자녀들이 그분과 함께 십자가에 못 박히고,

이제 그분께서는 그들 안에 살고 계시지 않는가? 이는 아버지께서 뜻하신 바이다.

그렇다. 오늘 우리는 주님께서 부르시고 택하신 사람들을 통해 그분을 본다. 주님께서는 그들 안에서 그분 자신의 형상을 빚고 계신다. 우리는 왕을 보았다! 지금은 얼핏 볼 뿐이지만, 곧 그분을 충만하게 보게 될 것이다. 그분은 인간의 육신을 입고 나타나실 것이며, 하나님의 아들들을 통해 나타나실 것이다!

그분을 놓치지 않도록 주의하고 살피자! 예수님께서 오시면, 우리는 그분을 보고, 그분의 음성을 들을 것이다! 오, 그러므로 우리의 눈이 가려지거나 우리의 귀가 무뎌지지 않도록 기도하라. 그분과 함께 걸으면서도 눈이 가려졌던 두 사람이 있었다. 그 밤에 그들은 함께 머물자고 주님께 강권하였다. 그런 후에 놀라운 기쁨이 있었다. 그들은 떡을 떼는 중에 주님을 알아보았다!

> 모든 사람에게 구원을 주시는 하나님의 은혜가 나타나 우리를 양육하시되 경건하지 않은 것과 이 세상 정욕을 다 버리고 신중함과 의로움과 경건함으로 이 세상에 살고 복스러운 소망과 우리의 크신 하나님 구주 예수 그리스도의 영광이 나타나심을 기다리게 하셨으니 그가 우리를 대신하여 자신을 주심은 모든 불법에서 우리를 속량하시고 우리를 깨끗하게 하사 선한 일을 열심히 하는 자기 백성이 되게 하려 하심이라 (딛 2:11-14)

― 노르마 램

〈당신에게서 예수님을 봅니다〉

당신의 손에서 그분의 손을 봅니다
당신의 얼굴에서 그분의 얼굴을 봅니다
당신의 미소에서 그분의 미소를 봅니다
당신이 있는 바로 그곳에 그분이 서 계십니다!

당신의 손에서 못 자국을 봅니다
당신의 발은 갈보리의 흔적을 지니고 있지요
당신에게서 그분의 친절한 긍휼이 보입니다
당신을 통해, 그분께서 나를 위해 일하십니다!

당신의 음성에서 그분의 음성을 듣습니다
당신의 눈에서 그분의 눈을 봅니다
당신에게서 그분의 임재를 느낍니다
오직 그분만이 느껴집니다!

모든 말에서 그분의 은혜를 느낍니다
당신이 말할 때, 그분의 음성을 들었습니다
당신의 입에 전해진 영광스러운 말들
그것은 주님의 말씀입니다
그분께서 내 심령에 주시는 말씀입니다!

당신 안에 그분의 온유함이 있습니다
그분의 다정함과 은혜가 있습니다
나는 당신의 얼굴에 비춰진
그리스도의 사랑과 기쁨을 봅니다!

오, 당신에게서 예수님을 보았습니다
당신이 하는 말과 행동에서
나는 항상 예수님만 보기 원합니다
당신을 통해 내게 나타나시는 그분을!
- 노르마 램

〈예수님을 보는 것〉
당신은 지금 예수님을 찾고 있나요?
당신이 그분께서 오시기를 기대하며
그분께 가까이 나아간다면
그분이 당신에게 나타나실지 모릅니다

마리아는 그분을 동산지기로 보았습니다
그분을 나무에서 내려
눕혀 드렸던 바로 그 무덤에서
그녀는 그분을 알아보지 못했습니다

마리아의 눈은 가려졌습니까?

분명 그랬습니다!

만약 그분께서 당신에게 나타나신다면,

주님을 알아보겠습니까?

마리아에게 예수님은 가장 소중한 분이셨는데 말입니다

그리고 두 제자는

'낯선 이'와 엠마오를 향해 걷는 중에

심령이 불타올랐지만,

그분이 사라지실 때까지 알아보지 못했습니다

도마도 그분을 보았지만 의심했고,

다른 제자들은 두려움에 떨었습니다

당신은 어떻게 반응할까요?

그분께서 당신에게 나타나신다면 어떻게 반응할까요?

말씀이 이루어지도록

그분께서 당신에게 오신다면 알아보겠습니까?

아니면 마리아처럼 눈이 멀어

그분을 동산지기로 여기겠습니까?

그분을 그저 낯선 이로 여기겠습니까?

그분의 존재를 의심하겠습니까?

아니면 기름부음 받은 눈으로

지금 보는 것이 그리스도이심을 알아보겠습니까?

- 마리안 픽카드

Chapter 11

그 외의 기록물들

이번 장은 금촛대 중보자들의 일기, 선교 여행 기록, 뉴스레터에서 발췌한 다양한 가르침, 예언적인 말, 시 등을 모아 구성했으며, 주로 프란시스 메트컬프의 글이 많다. 일부 원문은 매우 오래되고 손상되어 온전히 옮기기는 불가능하여 부분적으로만 인용하였다. 사실 어떤 인쇄물은 더 이상 존재하지 않는 것도 있다. 그래도 나는 이 전집이 완성되기 위해서는 이 글들이 수록되어야 한다고 믿는다.

- 제임스 말로니

하나님께서 사랑하시는 자의 삶과 죽음

기대를 가지고 나의 복음을 읽으라. 나의 심령의 눈으로 읽으면, 너희는 전에 본 적 없던 아름다움과 진리의 보화를 발견하리라. 내가 너희에게 일깨워 줄 내용을 묵상하며 이 보석들을 구하라. 나와 함께 나의 땅으로 가서 나의 삶을 함께하자. 내가 이 땅에 살면서 겪은 기쁨과 슬픔으로 들어오라. 그렇게 함으로 너희는 나의 심령과 영혼을 받은 사람들이 어떤 요건을 가지고 어떤 길을 걸어야 할지와 순결함, 거룩함, 완전한 사랑에 대해 더 큰 통찰을 얻게 될 것이다.

복음서를 공부할수록 너희에게 더 많은 열매가 있으리라. 내가 하는 모든 말을 처음 보듯이 읽어라. 이전의 개념은 잊고, 성령께서 이해의 눈을 열어 주시도록 내어 드려라. 머리가 아닌 가슴으로 읽어라. 심령을 열고, 마음껏 기뻐하며 읽어라. 또한 이 글들이 성령으로 말미암아 보존된 것을 기뻐하고, 지금도 나의 말을 읽을 수 없는 가엾은 자들이 있음을 기억하라. 그러므로 기뻐하고 감사하고 경탄하며 읽으라.

하나님의 사랑을 받으신 주님의 이 땅에서의 삶을

주의 심령의 눈으로 보는 것

이것이 저의 꿈, 저의 소중한 갈망입니다

주께 비오니 필요한 은혜를 주셔서

모든 사건, 모든 행동, 모든 말씀을 통해

주께서 보신 것을 보게 하소서

주께서 느끼신 것을 느끼게 하소서

오, 사랑하는 주님!
그 모두를 지금 제 안에 새로이 재창조하시어
제가 그 비밀을 나눌 수 있게 하소서
주님의 놀라운 삶의 비밀과
그보다 더 놀라운 죽음의 비밀을!

마태복음을 주님의 거룩한 심령의 눈으로 읽는 것은 복된 경험이다. 이를 통해 나는 그분의 인간적 본성의 따뜻함을 처음으로 느꼈다. 가난한 자와 억눌린 자와 병든 자와 문제에 빠진 자를 향한 사랑과 긍휼, 그리고 이사야서에 약속된 말씀을 성취하시려는 갈망을 느꼈다. "주 여호와의 영이 내게 내리셨으니 이는 여호와께서 내게 기름을 부으사 가난한 자에게 아름다운 소식을 전하게 하려 하심이라 나를 보내사 마음이 상한 자를 고치며 포로된 자에게 자유를, 갇힌 자에게 놓임을 선포하며 여호와의 은혜의 해와 우리 하나님의 보복의 날을 선포하여"(사 61:1–2).

나는 때로 주님을 에워싼 군중 사이를 걷고 있는 것 같았고, 또 어떤 때는 제자로서 그분 가까이에 있는 듯했다. 그분께서 복된 손을 병든 자에게 얹으시는 것을 지켜보았고, 치유와 용서를 말씀하시는 감미로운 음성을 들었으며, 그 말씀을 듣는 사람들의 표정을 보았다. 이 사람은 참으로 그리스도시요, 오랜 세월을 기다려 온 메시아라는 믿음의 확신으로 그들의 얼굴이 밝아질 때, 나는 기쁨으로 전율했다. '예수'요 '인자'라는 이름, 즉 그분의 인간성을 나타내는 그 이름들에 나는 특별한 감동을 받았고, 읽으면서 거듭 소리 내어 말해 보고는 했다.

복음서를 예수님의 심령의 눈으로 보면서, 나는 그분께서 대단한 행동가이자 끝없는 활력가이심을 발견하게 되었다. 공적 사역에 들어가신 이후부터 돌아가시는 날까지, 그분께서는 혼자만의 조용한 시간을 거의 갖지 못하셨다. 매일 사람들에게 둘러싸여 있었고, 제자들이 거의 항상 함께했다. 그분께서 아버지와 홀로 교제하실 수 있는 때는 사실상 밤뿐이었다. 그러나 주님께서는 결코 매일의 끝없는 임무를 회피하거나 그에 미달하지 않으셨다. 그분의 일정은 꽉 차 있었다!

계속 몰려드는 무리를 치유하시고, 서기관과 바리새인에게도 지혜롭게 답하시며, 보잘것없는 청원자도 상담하셔야 했다. 어린아이도 축복하셔야 했고, 제자들도 가르치시고, 따르는 자들에게 말씀도 전하셔야 했다. 그러나 주님은 은혜와 지혜와 평온으로 매일을 맞이하셨다. 그분께서는 언제나 모든 상황의 주인이셨다. 주님께 넘치는 일이란 없었다. 그분께서는 이 땅의 왕좌에 앉지는 않으셨지만, 매일 매사에 여전히 왕으로서 다스리셨다. 참으로 그분께서는 이 유한한 삶에서 왕처럼 다스리려는 우리에게 본보기가 되신다.

우리 주 예수 그리스도의 거룩한 심령의 눈으로 그분의 삶과 죽음을 바라보는 것은 꽤나 새로운 경험임이 분명하다. 나는 복음서가 시작될 때부터 사랑(아버지의 사랑과 아들의 사랑)이 지배적인 요인으로 작용하는 것을 보았다. 잃어버린 죄인이었던 우리를 향한 위대한 긍휼, 그리고 기꺼이 인간됨을 취하시고 우리 죄를 위하여 십자가에서 죽으신 그 마음이야말로 우리를 향한 위대한 사랑의 표현이다.

그 사랑으로 인해 주님께서 3년의 사역 기간 동안 어떤 일을 겪으셨는지 볼 수 있다. 제자들을 처음 불러 모으시는 장면에서도 그분께서 사랑에 대한 반응과 교제를 얼마나 갈망하셨는지를 볼 수 있다. 병든 자와 곤고한 자와 고통받는 자들을 향한 긍휼, 제자들과 권세를 함께 하시는 모습, 타인을 위한 배려와 친절, 자신을 생각지 않으시는 마음과 목자의 심령. 이 모든 것을 통해 우리는 그분의 사랑을 본다.

특별히 요한복음 6장에서 그 사랑이 최고조에 달하는 것을 느낀다. 이 장면에서 예수님은 생명의 빵에 대한 위대한 말씀을 나누시고, 그분의 살을 먹고 그분의 피를 마시는 것에 대해 자세히 설명하신다. 우리로 참된 연합과 교통, 즉 그분의 거룩한 본성에 참여하고 그 본성을 사용하는 것을 깨닫게 하신 것이다. 또한 그분께서는 오직 성령님만이 이 위대한 진리를 우리에게 되살리고 실재가 되게 하신다고 말씀하신다. 이것은 분명한 사실이다.

예수님께서 친히 사랑하고 선택하셨던 자들에게서 받으신 마음의 상처는 내게 깊은 인상을 주었다. 배반당하시던 그 밤, 유다는 주님과 애정 어린 교제를 나누고는 그분을 배반하였다. 그리고 그분께 사랑과 충성을 확신하던 베드로는 그분을 부인했다. 주님께서 고난 받으시던 그 순간, 그분 곁을 지켜야 할 자들은 모두 그분을 버렸다! 그들은 불과 얼마 전에 주님께서 하나님의 아들이심을 진실로 믿는다고 선언했지만,

시험이 오자 믿음이 흔들렸다. 그들의 심령에 불신앙이 들어간 것이다.

주님께서는 '믿다'라는 단어를 매우 실제적이고 깊은 방식으로 내 심령에 새겨 넣으셨고, 나는 그들의 불신앙 때문에 주님께서 얼마나 깊은 상처를 받으셨는지를 느꼈다. 그리고는 내 안에 있는 불신앙의 심령이 눈앞에 펼쳐졌다. 나는 조바심, 불평, 실망, 조급함 등 내 심령에 여전히 불신앙이 남아 있음을 보았다. 걱정과 염려의 해결책은 사랑과 신뢰다. 나의 심령은 아들을 고치려고 예수님을 찾아왔던 남자처럼 부르짖었다. "주여, 내가 믿나이다. 나의 믿음 없는 것을 도와주소서." 주님을 신뢰하고, 그 안에서 안식하라!

복음서를 다시 읽다 보니, 묵상과 특별한 생각을 불러일으키는 진귀하고 아름다운 부분이 많았다. 특별한 부분은 예수님의 발에 기름을 부었던 여인의 이야기였다. "너는 내게 입 맞추지 않았지만, 이 여자는 내가 들어온 때부터 내 발을 부드럽게 어루만지며 입 맞추기를 멈추지 않았다. 너는 내 머리에 (싸고 평범한) 기름도 붓지 않았지만, 이 여자는 내 발에 (비싸고 진귀한) 향유를 부었다"(눅 7:45-46, 확대역성경).

또 다른 부분은 하나님의 아들이신 예수님께서 아버지를 높이시고 계시하신 장면이었다. 이에 비해 사도행전에서는 성령께서 하나님의 아들을 높이시고 계시하신다. 이처럼 이 아름다운 책들을 예수님의 심령의 눈으로 읽다 보면 새로운 계시가 나타난다. 그리스도와 하나가 될 때 특별한 생각이 일어나는 것이다.

복음서를 다시 읽으면서, 나의 심령에는 더 완벽하게 그리스도를 위해 살고자 하는 열망이 더 크게 솟아났다. 그리고 '겸손, 긍휼, 친절'과 같은 단어들이 두드러져 보였다. 나는 긍휼과 친절을 항상 비슷한 의미로 여겼다. 그러나 사전에 따르면 그렇지 않다. 친절(kindness)은 행동으로 정의된다. 반면 긍휼(compassion)은 타인을 돕고 돌보고자 하는, 또는 그들 대신 고통을 받고자 하는 생각 또는 갈망이라고 한다.

하나님은 완벽하게 친절하시다. 그리고 그분의 자비는 영원하다. 그리스도께서는 십자가에 달리셨을 때도 자신을 죽인 자들을 위해 기도하셨고, 강도에게 낙원을 약속하셨으며, 어머니를 위해 거처를 마련하셨다. 할렐루야! 그분은 참된 구세주이시다!

사랑은 어둠 가운데서도 볼 수 있는 눈을 가졌다
사랑은 보는 것을 이해하는 심령을 가졌다
사랑은 삶과 그 모든 신비에 관해
짐작하기보다는 깨닫는다
오 예수님, 나의 사랑하는 주님!
나는 당신의 삶을
사랑의 눈으로 보리라
나는 나의 심령과 마음으로
당신의 모든 행동과 말씀을
이해하기를 구하리라

친절하신 주님께서는 나로 하여금 그분의 심령과 눈을 통해 보는 새로운 방식으로 죄인을 향한 그분의 사랑을 느끼고 보게 하셨다. 얼마나 대단한 사랑과 긍휼인가! 인간의 말로는 결코 표현할 수 없다! 나는 새롭게 타오르는 빛으로 죄인을 본다. 그리고 그분의 심령의 열망, 죄인들이 회개하고 그분의 사랑을 알기를 원하시는 목마름을 느낀다.

요한복음 3장 16절이 새롭고도 더 심오한 의미로 내 심령과 마음에 다가온다. 주님께서 3년의 사역 기간을 얼마나 열정적으로 사셨는지! 그분께서는 매일 긴급함을 느끼며 사랑과 긍휼과 경고와 가르침을 쏟아내셨다. 사랑의 말이든 꾸짖음의 말이든, 친구에게든 원수에게든, 그분께서 하신 모든 말씀이 나에게는 치열하게 와 닿는다. 무엇보다 그분께서는 누구도 감당하지 못할 격렬한 고난을 당하셨다. 그리고 주님의 거룩한 심령의 강렬한 불이 내 심령 안에도 뜨겁게 타오르는 불을 붙이신 것을 느낀다.

최근 예수님의 삶을 묵상하면서 한 가지 눈에 띄는 것이 있었다. 바로 예수님께서 막달라 마리아를 용서하신 것이다. 마리아는 '죄인'임에도 불구하고, 예수님께서 식사하시는 자리로 와서 자신의 심령과 보물을 쏟아 냈다(우리의 보물이 있는 곳에 우리의 마음도 있다). 그녀는 주님을 향한 사랑에 사로잡혀서 바리새인과 나머지 손님들의 분노를 용감하게 대면하고 예수님께 기름을 부었다. 얼마나 고귀한 사랑의 눈물인가? 얼마나 큰 위로를 주고 새롭게 하는지!

*나머지 부분은 분실되었다(제임스 말로니).

1976년 재림절

사랑하는 우리 주님의 경배자 여러분, 재림절(성탄절 전의 4주간)이 다시 찾아왔습니다. 여러분 모두에게 뜨거운 사랑과 축복을 담아 우리의 마음을 보냅니다. 전능하신 하나님께서 인간의 몸 가운데 성육신하신 그 큰 신비와 경이로움을 다시금 깊이 생각합니다. 그렇습니다. 인간이 되신 하나님, 예수 그리스도 안에 신성의 충만함이 몸으로 거하신 일은 위대한 신비입니다. "그 안에는 신성의 모든 충만이 육체로 거하시고"(골 2:9).

하나님의 경이로움이 사람들 가운데 걷고 말씀하셨습니다! 마리아의 비천한 아들이자 하나님의 총애하는 아들이신 분! 그분께서는 죽어야만 하는 인간의 고통과 연약함에 값없이 동참하셨습니다. 그분에 대해서는 이런 표현이 적절하겠습니다. 죽지 아니할 분께서 죽을 것을 입으셨습니다. 썩지 아니할 분께서 썩어질 이 땅의 몸을 입으시고 십자가에 달리셨습니다(고후 5:21).

"크도다 경건의 비밀이여, 그렇지 않다 하는 이 없도다 그는 육신으로 나타난 바 되시고 영으로 의롭다 하심을 받으시고 천사들에게 보이시고 만국에서 전파되시고 세상에서 믿은 바 되시고 영광 가운데서 올려지셨느니라"(딤전 3:16). 우리는 예수님께서 정확히 언제 태어나셨는지는 모르지만, 사람들이 기념하는 이 시기에 함께 그분을 경탄하고 경배하며 높여 드립니다.

우리는 이곳 산에서 기도와 찬양과 경배를 지속하고 있습니다. 그리고 여러분이 보내 주신 기도 요청을 가지고 은혜의 보좌로 나아갑니다. 여러분이 소식을 들려 주실 때 얼마나 고마운지 모릅니다. 그리고 주님의 인도하심으로 여러분께 《찬양의 완성》(Perfecting Praise)라는 최신 출판물을 보내 드립니다. 우리는 이 소책자에 기록되어 있는 체험을 겪으면서 세움을 입었습니다. 여러분도 이 책을 통해 영감과 세움을 얻기를 기도합니다.

특별히 이 절기에 나누기 좋은 소책자가 네 권이 더 있습니다. 《세금인가, 헌물인가?》(Taxes or Tribute), 《수세기의 노래》(The Song of The Centuries, 이 책의 현존하는 인쇄본은 찾을 수 없었다), 《예수 출현의 노래》(Songs of Epiphany), 《성육신》(The Incarnation)입니다. 만약 이전에 받지 못하셨다면, 기꺼이 보내 드리겠습니다.

우리의 건강 문제에 대해 염려하고 기도해 주셔서 너무나 감사합니다. 제 남편은 조금 나아졌습니다. 하나님을 찬양합니다! 그러나 저와 저의 동역자 마리안은 여전히 극심한 육체적 시련을 겪고 있습니다. 이 사역은 오직 끊임없이 믿음을 발휘할 때 지속될 수 있습니다. 우리가 계속해서 주님을 신뢰하고 찬양할 때, 그분께서 우리를 승리로 이끄실 것입니다.

우리 모임에 속한 모든 분들과 함께 재림절 인사를 보냅니다. 그리고 마리안이 여러분 각 사람에게 특별한 사랑을 전합니다.

예수 그리스도 안에서 가장 큰 사랑을 담아

프란시스 메트컬프

1977년 재림절

사랑하는 우리 주님의 경배자 여러분, 여러분께 다시금 편지를 보내면서 우리는 우리 주 예수 그리스도의 겸손에 감동을 받습니다. 우리는 예수 그리스도 앞에 종 된 자리, 즉 '사랑의 노예'의 비천한 자리를 취하고, 우리 안에서 그분의 뜻에 따라 운행하시도록 내어 드리고자 합니다. 주님께서 빌립보서 2장 4절부터 인용하도록 인도하십니다.

각각 (그저) 자신의 관심사만 중시하고 고려하며 신경 쓰지 말고, 타인의 관심에 대해서도 그렇게 하십시오. 그리스도 예수 안에 있는 이 태도와 목적과 (겸손한) 마음을 품으십시오. 그분을 여러분의 겸손의 본으로 삼으십시오. 그분께서는 하나님과 함께 근본 되신 분이며 하나님의 형상을 입으신(하나님을 하나님 되게 하는 자질을 충만히 갖추신) 분이나 하나님과 동등됨을 간절히 취하고 붙잡아 유지할 것으로 여기지 않으시고, 자신을(모든 특권과 합법적인 위엄을) 벗고 종(노예)의 겉모습으로 가장하셔서 그 안에서 사람처럼 되시고, 인간으로 태어나셨습니다. 인간의 형상으로 나타나신 후에 그분께서는 자신을 (더욱) 낮추고 겸손케 하셔서 죽음에까지, 그것도 십자가의 죽음으로 극단적인 순종을 행하셨습니다!

따라서 (그분께서 그렇게도 낮게 굽히셨으므로) 하나님께서 그분을 지극히 높이시고 모든 이름 위에 뛰어난 이름을 값없이 주셨습니다. 그리하여 예수 이름 안에서(예수 이름에) 하늘과 땅과 땅 아래에 있는 모든 무릎이 (반드시) 꿇고, 모든 혀가 (노골적이고 공개적으로) 예수 그리스도께서 주님이심을 고백하고 인정하여 하나님 아버지께 영광을 돌리게 하셨습니다 (빌 2:4-11, 확대역성경)

이 절기에 우리는 이러한 겸손한 영으로 여러분의 관심과 염려를 함께 나누고 싶습니다. 만약 긴급한 기도 요청이 있으시다면, 우리는 이곳 산에 함께 모여서 기꺼이 기도할 것입니다. 우리를 위한 여러분의 사랑과 기도, 편지와 헌금에 너무나 감사드립니다.

우리는 여러분 모두와 그리스도의 몸에 속한 모든 지체들에게 친밀함을 느낍니다. 참으로 주님께서 우리를 점점 더 가까이 끌어당기고 계십니다. 여러분께 소책자 《왕의 초상》(The King's Portrait)을 함께 보낼 수 있어서 감사합니다. 이 책이 여러분께 축복이 되기를 소망합니다. 또한 이 절기에 걸맞은 다른 소책자도 있습니다. 《하나님의 천사들》(God's Angels), 《성육신》, 《세금인가, 헌물인가?》, 《예수 출현의 노래》, 《수세기의 노래》입니다.

부디 지속적인 기도로 우리를 붙잡아 주시기 바랍니다. 마리안과 저 모두 육체적으로 혹독하게 시험을 받고 있으며, 매 순간이 계속 견뎌 내야 할 믿음의 훈련입니다. 제 남편 드와이트는 관절염으로 통증이 심하지만, 활동을 지속하고 있습니다. 그는 지역 교회 한 곳에서 성경 교실을 열어 가르치고 있습니다. 이를 위해 기도해 주신다면, 남편도 감사하게 생각할 것입니다.

재림절과 곧 다가올 새해를 맞이하여 마리안과 저와 우리 모임에 속한 모든 소중한 사람들이 여러분께 사랑과 축복을 보냅니다.

그리스도의 은혜와 찬양이 함께하시기를 바랍니다.

프란시스 메트컬프

1979년 봄

주 안에서 사랑하는 여러분, 놀라우신 우리 부활의 주 예수님의 이름으로 문안드립니다! 가장 춥고 혹독했던 겨울이 지나고, 만물이 소생하는 때를 맞으며 우리의 심령이 기뻐합니다. 그 긴 겨울 뒤에도 대지는 여전히 부활의 소식을 알립니다! 우리가 주님의 '때와 계절'에 더욱 집중함으로써, 우리의 심령과 생명이 싹을 내고, 꽃을 피우며, 그분을 기쁘시게 할 열매를 맺게 되기를 소망합니다.

우리의 사랑하는 프란시스가 성령의 음성을 들은 것이 얼마나 감사한 일인지요. 때로 그녀는 사역하러 나가는 것보다 "묵시를 기록하여 판에 명백히 새기되 달려가면서도 읽을 수 있게"(합 2:2) 하는 것이 더 중요하다고 느꼈습니다. 그녀는 베드로처럼 "내가 힘써 너희로 하여금 내가 떠난 후에라도 어느 때나 이런 것을 생각나게 하는 것"(벧후 1:15)이 더 유익하다고 여겼으며, 요한처럼 "그 가운데에 기록한 것을 지키는 자는 복이 있나니 때가 가까이" 왔고(계 1:3) "우리가 이것을 씀은 우리의 기쁨이 충만하게 하려 함"(요일 1:4)이라고 생각했습니다.

프란시스는 사역 초기에 성령에 사로잡혀 하늘의 영역으로 올라갔고, 주님께서는 그녀에게 '마지막 때 교회를 향한 예수 그리스도의 계시적인 나타나심'에 관하여 기록해야 한다고 말씀하셨습니다. 이에 프란시스는 40년이 넘도록 신실하게 행했습니다.

수년간 우리의 편지를 받으시는 분들은 금촛대 중보자 모임의 메시지가 마지막 때의 교회를 향한 것임을 아실 것입니다. 그중에는 찬양과 경배에 대한 메시지, 연합과 교통에 대한 메시지도 있었고, 또한 우리의 사랑하는 신랑 되신 왕의 나타나심을 기대하는 메시지도 있었습니다. 지금 이 땅에서 그분의 몸은 성령의 은사뿐 아니라 그분의 영화로운 속성과 성품, 즉 성령의 열매를 나타낼 것입니다. 그것이 특정한 때에 대한 것이든 영원에 대한 것이든, 우리는 주님의 가장 세미한 속삭임도 놓치지 않기를 소망합니다.

우리 하나님께서는 이 땅의 시간을 초월하시지만, 그분께서는 우리에게 그분의 시간에 맞추라고 가르쳐 주셨습니다. 말씀에는 수세기에 걸쳐 현인들이 해독해 온 하나님의 하늘 시계와 더불어 때와 시기에 대한 내용이 많습니다. 성령께서는 과거나 현재나 미래나 하나님께는 영원히 지금이라는 것을 우리가 깨닫기 원하시지만, 그와 동시에 그분의 때에 집중하라고 지시하십니다. "보라 지금은 은혜 받을 만한 때요 보라 지금은 구원의 날이로다"(고후 6:2).

또한 그분께서 우리의 타이밍에도 친히 맞추어 주시고, 이 땅의 주기에 꼭 맞게 말씀해 주시는 것이 얼마나 감사한지요. "이는 이제 우리의 구원이 처음 믿을 때보다 가까웠음이라"(롬 13:11). 주님을 찬양합니다!

사랑하는 프란시스를 기리며 보내 주신 사랑의 선물, 격려와 위로의 말들에 감사드립니다. 여러분의 소식을 늘 기다리며, 함께 보내는 소책자가 여러분께 축복이 되기를 기도하겠습니다. 우리는 계속 성령 가운데 활동할 것이며, 여러분께서도 부디 우리를 위해 믿음과 찬양을 지속해 주시기를 바랍니다.

그분의 놀라운 사랑 안에서
마리안 픽카르와 금촛대 중보자 모임의 모든 동역자들

1980년 봄

사랑하는 주님의 성도 여러분, 하나님의 천사가 얼마나 놀라운 말을 했던지요! "안식 후 첫날 새벽에 이 여자들이 그 준비한 향품을 가지고 무덤에 가서 … 이로 인하여 근심할 때에 문득 찬란한 옷을 입은 두 사람이 곁에 섰는지라 … 두 사람이 이르되 어찌하여 살아 있는 자를 죽은 자 가운데서 찾느냐 여기 계시지 않고 살아나셨느니라 갈릴리에 계실 때에 너희에게 어떻게 말씀하셨는지를 기억하라"(눅 24:1-6).

예수님께서 탄생하셨을 때와 마찬가지로, 그분의 부활을 선포하기 위해서도 이들 천상의 피조물이 나타나야 했습니다. 그리고 천사들은 예수님께서 아버지께 올라가신 후에도 그분께서 "하늘로 가심을 본 그대로"(행 1:11) 다시 오실 것이라고 선포했습니다. 이런 천사적인 존재는 구약 시대나 그리스도의 생애에만 나타났던 것이 아니라 신약의 다양한 저자들에 의해서도 언급됩니다.

하나님께서는 고금에 걸쳐 수많은 성도들에게 천사가 방문하게 하셨습니다. 히브리서는 그 이유를 말해 줍니다. "모든 천사들은 섬기는 영으로서 구원 받을 상속자들을 위하여 섬기라고 보내심이 아니냐"(히 1:14). 마지막 때를 사는 우리에게는 이전의 그 어떤 세대보다도 더 그들의 도움이 필요합니다.

우리는 천사의 방문만이 아니라 부활하신 주님의 영광스러운 방문을 바라고 기대하고 있습니다. 그분께서는 "고난 받으신 후에 또한 그들에게 확실한 많은 증거로 친히 살아 계심을 나타내사 사십 일 동안 그들에게 보이시며 하나님 나라의 일을 말씀"하셨던 대로(행 1:3) 나타나셔서 우리를 기쁘게 하시겠다고 약속하셨습니다(사 66:5). 그분께서 오늘날 나타나셔서 더 위대한 마지막 때의 부어짐을 위하여 많은 사람에게 가르치시고, 지시하시고, 준비시키시는 것이 얼마나 감사한지 모릅니다.

그날은 이미 이 땅에 시작되었고, 강력한 추수와 함께 막을 내릴 것입니다. 믿는 자들의 사역에 초대 교회와 같은 표적과 기사가 뒤따르고 있으며, 무리가 하나님의 왕국 안에서 거듭나고 있습니다. 이에 우리는 여러분과 마찬가지로 하나님께 찬양을 드립니다. 또한 우리 삶의 모든 영역에서 주님의 임재와 권능이 점점 더 크게 나타날 것을 믿습니다.

지난 번 편지에 답해 주신 여러분께 감사드리며, 또한 사랑의 메시지와 기도 요청을 보내 주시고, 체험을 나누어 주시고, 우리의 사역을 위해 선물을 보내 주신 모든 분들께 감사드립니다. 여러분의 사랑에 큰 감동을 받았습니다. 우리도 사랑의 징표로 소책자를 함께 보냅니다. 성령께서 이 책을 특별한 축복으로 만들어 주시기를 소망합니다. 여러분의 감상과 소식을 또 전해 주시기 바랍니다.

부활하신 주님을 경배하며 사랑을 담아
금촛대 중보자 모임을 대표하여 마리안 픽카드

LADIES OF GOLD

by James Maloney

Copyright ⓒ 2012 by Answering the Cry Publications

Originally published in English under the title
Ladies of Gold by WestBow Press

1663 Liberty Drive
Bloomington, IN 47403

Korean Translation Copyright ⓒ 2015 by PureNard
2F 16, Eonju-ro 69-gil, Gangnam-gu, Seoul

The Korean edition is published by Arrangement with WestBow Press.
All rights reserved.

본 저작물의 한국어판 저작권은 WestBow Press와의 독점 계약으로 한국어 판권은 '순전한 나드'가 소유합니다.
저작권자의 허락 없이 이 책의 일부 또는 전체를 무단 복제, 전재, 발췌하면 저작권법에 의해 처벌을 받습니다.

금촛대 중보자들 III

초판발행| 2016년 9월 10일
3쇄발행| 2024년 3월 20일

엮은이| 제임스 말로니
옮긴이| 노경아

펴낸이| 허철
총　괄| 허현숙
편　집| 김혜진
디자인| 이보다나
제　작| 김도훈

펴낸곳| 도서출판 순전한 나드
등록번호| 제2010-000128
주　소| 서울특별시 강남구 언주로69길 16, (역삼동) 2층
도서문의| 02) 574-6702　팩　스| 02) 574-9704
인쇄소| 예원프린팅

홈페이지| www.purenard.co.kr

Printed in Korea

ISBN 978-89-6237-194-9 04230
　　　 978-89-6237-193-2 04230 (세트)